COCA

COCALES Y COQUEROS

DANIEL VIDART

Índice

Palabras liminares

La infrecuente conjunción de los dones de la sabiduría y de la sensibilidad hace de Daniel Vidart uno de los más disfrutables maestros de cuantos han trabajado el campo de la cultura en y desde el Uruguay. Mérito que se acrecienta porque Vidart es de esos que con alegría entregan su reflexión y sus conocimientos tanto sea en el artículo, en el aula, en el libro o en la conversación.

De ello da fe este volumen que reúne obras en principio independientes entre sí. Pero solo en principio, porque muchos puentes las vinculan. El que primero se muestra es un estilo atrapante que permite que la prosa respire apoyada en una manera fresca de decir. Manera que nos recuerda que Daniel Vidart es además, un fino creador literario, un "contador" consumado, de esos capaces de descubrir y hacer compatibles todos los latidos de una peripecia.

Este verbo dúctil está aquí al servicio de una postura intelectual que no reconoce fronteras entre la ciencia consagrada y la especulación; postura que distingue a un hombre para quien nada de lo que es del hombre es desdeñable, ni aun lo que se tiene por oscuro; y es de esto oscuro que nos habla en el presente libro.

El pensamiento que husmea tras las huellas de lo claro y lo distinto solo otorga patente de realidad a lo que "tiene lugar", es decir, a lo que ese mismo pensamiento es capaz de hacer ingresar en la espesa malla urdida por el espacio y el tiempo "lógicos" y tramadas por las creencias. Admite, digamos, lo que puede situarse más acá de ese sinuoso límite de lo creíble.

Acotado el campo, todo lo que exceda será curiosidad o desecho, valedero solo para el desocupado o para esos –que no son pocos- marginados como los niños, los locos, los extranjeros, los primitivos, los que están abajo en una escala cuyo tope nos colocamos. Ellos, los que no tienen lugar, están confinados en alguno de los huecos que conforman el orden de lo ajeno: el hospicio, la "nursery", la reservación, el gueto, o algún elusivo paraíso.

Desde una posición totalmente diversa, Vidart habla aquí de algo que él quiere volver a poner en nuestro camino para lo que reclama reconocimiento como realidad y quiere que lo acompañemos en esa tarea de recuperación de nuestra comunidad con esto tenido como ajeno.

Este encuentro de Vidart con la Realidad-Otra que colide con la realidad clara y distinta, aparece aquí en tres momentos. Uno, el de la experiencia personal, tenida en los confines del mundo (ya que como todos sabemos el centro del mundo anda por acá). Los otros dos tienen, en todo o en parte, a nuestra América por escenario, aún cuando nos hablan de un mundo que desde el Uruguay creemos -y quizá queremos- extraño.

Es que las relaciones con la Realidad-Otra no son ni han sido fáciles. Desdeñadas a veces desde nuestro etnocentrismo, en ocasiones tienen un lugar, y hasta preponderante, en algunas culturas, incluidas las actuales, donde interesan tanto a la vida colectiva como a la personal.

Pero ¿puede sorprender que así sea?.

El primero que nos dirá que no será el propio Vidart, quien precisamente en estos tres trabajos nos muestra tres modos de la difícil articulación del reino de la utopía con el reino de este mundo.

Hoy por hoy debemos reconocer que desde las ideologías al inconsciente, desde los cuentos hasta el imaginario colectivo, desde los proyectos a los sueños y a la acción política ("la imaginación al poder") un viento de "irrealidad" transita la vida y se mueve en el seno de lo viviente como quien está en su propia casa.

En este siglo esa Realidad-Otra se ha vuelto digna de consideración y de estudio, más allá de la mera curiosidad para su exhibición en sociedad. Dicha consideración y estudio atañe a la antropología, pero también a la historia y a la psicología, especialmente al psicoanálisis.

El psicoanálisis es una de las disciplinas que desde sus inicios reconoció el carácter real de la Realidad-Otra, ya bajo formas de sueño, ya como contenido del inconsciente. Hasta le dio el bello nombre de fantasía. Fantasía cuya verdad quiso ser preservada con el agregado de un adjetivo: inconsciente; para que así no se la confundiera con el mero devaneo, con la concepción destinada ser derogada y a veces confundida con el error, y finalmente, para recalcar lo que la fantasía, esta Realidad-Otra, tiene de savia eterna (Fantasías eternas es como María Langer llamo a un hermoso libro suyo).

Porque la realidad de la fantasía no quedó en lo adyacente a la realidad, sino que ambas se evidenciaron como entretejidas y nutriéndose mutuamente. Con lo que quedó sin asiento la soberbia de la vida consciente, identificada con el adulto varon (lo que en el siglo pasado hizo de las mujeres y los niños seres de utopía, sin lugar, en tanto unos no eran todavía hombres y las otras debían renunciar a serlo alguna vez).

 Con la fantasía inconsciente la Realidad-otra escapó a los casilleros del desecho y al destino de vía de escape de la realidad: quedo instalada en el corazón mismo del sujeto y quedó reconocida como condición para su acceso a la realidad.

Si este camino es propio de este siglo, habrá que decir que buena la hizo. Partió de un sujeto bien firmemente plantado en su lugar y bien capaz de reconocer lo que tiene y lo que no tiene lugar. Que mira con desdén a quienes tachan de locos y primitivos porque ellos viven en su (sú de él) utopía y no la reconocen como tal. Y vino a parar en otro sujeto que ya no puede reclamar para sí un lugar cierto, que reconoce al loco y al primitivo como sus nutrientes de las que no le es dado escindirse sin pagar el precio de escindirse a sí mismo. Y más todavía: que debe aceptar que vive en ese campo informe cual es la relación en la que, lejos de tener un punto fijo, está siempre -¡ay!- en tránsito de ninguna parte a ninguna parte, deambulando entre utopías.

Ha perdido mucho. Pero más ha ganado.

Saúl Paciuk

Daniel Vidart

Introducción.

No soy amigo de las introducciones a cargo del autor. Los libros deben presentarse desnudos para de tal modo rendir cuentas en estado de perdición, a solas con su propia mismidad. Este no hace excepción a una regla que yo considero de buen gusto literario y delicada discreción intelectual.

Pero eso no me exime de algunas aclaraciones previas. Esta obra es fruto de una recopilación. Los materiales que integran los tres capítulos del presente libro, cuya publicación me ha solicitado la Editorial YOEA de modo espontáneo, la cual me ha sorprendido y conmovido a la vez, fueron dados a conocer en una serie de artículos aparecidos durante el bienio 1989-1990 en la revista Relaciones. Dicha revista mensual, dedicada a la difusión de estudios científicos vinculados con el "tema del hombre", es una rara avis cuyo valioso y valeroso vuelo se mantiene, sin desfallecimientos, desde el año 1984: toda una hazaña, y más si tenemos en cuenta la atmosfera enrarecida y mezquina de la gran aldea que es Montevideo.

Los artículos originales se editan tal cual aparecieron, salvo algunos retoques en el estilo y escasas modificaciones en el texto.

Quiero agradecer al psicólogo Saúl Paciuk, Director de Relaciones, la hospitalidad que brindó a mis escritos, nacidos de docentes peregrinajes por el mundo, antes que de arduas visitas a las bibliotecas. Por la participación que ha tenido en el ejercicio de acogerlos, publicarlos y difundirlos, le pedí que prolongara este libro. Lo ha hecho con buena voluntad para con mi trabajo y afecto para con mi persona. A dicho afecto debe atribuirse el generoso tono de su espíritu y su letra. De todos modos, quienes tienen a partir de ahora en adelante la última palabra son los lectores de las siguientes páginas, cuya materia es sin duda poco frecuente en nuestro medio pero cada vez más abundante en el aire de éste atormentado siglo, harto ya de una ciencia sin conciencia.

Daniel Vidart

Daniel Vidart

El don de mama ocllo

A partir de los años 60 de este siglo, el cocainismo ya había fundado en los anteriores decenios una discreta colonia de usuarios y propagandistas, comenzó en serio la conquista del mundo que se autodenomina "desarrollado". Lo hizo, quizá, como una especie de cuestionamiento al absurdo de una civilización cuya ciencia sin conciencia y cuya muchedumbre solitaria condenan a la persona a ser nada más que individuo, esto es, pieza desechable de una cada vez más acelerada maquinaria social, anónimo grano de mostaza en un ominoso sistema económico, borra insignificante de angustia y desinformación en una maciza cultura de masas.

Este cuestionamiento del "estilo de vida" de Occidente, dio origen al despliegue de una contracultura subterránea que reclutó velozmente millones de adictos a los estimulantes, alucinógenos y todo tipo de drogas en estado de naturaleza o maleadas por la química. Como no podía ser de otro modo, y de acuerdo con las leyes del mercado, la drogadicción propició el surgimiento de una gigantesca actividad de producción y abastecimiento clandestinos, a contravía con las disposiciones legales de los países consumidores. Dicha pareja dialéctica, integrada por el adicto y el traficante, se ha transformado en nuestros días en la protagonista de un drama social ecuménico que no

10

solo es asunto del Estado, sino, además, el trasunto de un colapso estructural y espiritual que agobia a nuestra civilización y la derrumba por dentro.

Cocaismo y cocainismo

La generación beat le pidió a la Otra Realidad – convertida en materia iniciática por los relatos de Castañeda - lo que su cenicienta y marginalizada vida cotidiana no podía darle. Algunos de los caudillos espirituales de aquella como William Burroughs, partieron hacia la selva peruana en busca del yagé o ayahuasca; otros, como Antonin Artaud, rumbearon hacia México para compartir con los huicholes el mundo secreto del peyotl, y los prisioneros en las telarañas urbanas de los EE.UU y Europa, apocalípticos aunque no integrados, fundaron las comunidades del escapismo, crearon simbologías esotéricas e inventaron nuevos códigos de señales al darle vuelo a los mitos y ritos de la drogadicción. Paralelamente se puso en marcha la agenda empresarial de fabricantes y traficantes latinoamericanos que inauguraron así una economía clandestina en el subsuelo industrial y comercial de Colombia, Perú y Bolivia. Esta nueva fuerza conmovió la pirámide social tradicional de los países andinos con la irrupción de una clase emergente y extendió sus tentáculos a las plazas de gran consumo internacional situadas fuera del área de Sudamérica, la matriz del cultivo de la coca. La marihuana, propedéutica hermana menor, y la cocaína, la blanca diosa de la imaginación y la euforia, que hasta entonces había sido privilegio reservado a los círculos contestatarios de artistas, intelectuales y outsiders, en guerra con las mayorías conformistas de las sociedades civiles, abrieron sus puertas a los nuevos catecúmenos. Y éstos, que llegaban alentados por el ruidoso nihilismo del rock en tanto que victimas de la mortal acedía que padece nuestra cultura del consumo, se lanzaron a la conquista de dos hemisferios complementarios: el de los creyentes y el de los no creyentes. Al de los creyentes les prometió un copioso mercado de alucinógenos y una provisión inagotable y accesible de dinamógenos aunando así los paraísos de la Otra Realidad con las plenitudes de la Realidad Dominada. El LSD, los hongos y su cohorte –yagé, nuez moscada, mezcal, peyote, datura, pieciétl- y otros fármacos hijos del laboratorio y de la empíria inventiva, abrieron el túnel de la fuga underground. Y tras este ejército de fantasías avanzó con paso firme el sistema cotidiano de la cocaína, alertador de los sentidos, aguzador del sexo, taumaturgo de la inteligencia.

Al hemisferio de los no creyentes, es decir, a los rutinarios y pragmáticos habitantes de la grisalla urbana, les habló en un nuevo lenguaje, y los catequistas de las esquinas reclutaron sus fieles entre los jóvenes y adultos machacados por el mortero de la Babel posmoderna. Nada de aventuras en pos de lo utópico, nada de incitaciones hacia una praxis revolucionaria. La droga es conservadora por excelencia: lleva por los caminos interiores hacia la "salvación" del Yo perdido en la multitud consumista. Y este Yo se contenta con las complicidad del pequeño grupo, con el aquí y ahora de una escapatoria momentánea, repetida una y otra vez hasta que el cuerpo aguante y el dinero pueda proporcionarla.

Esto último quiere decir que la drogadicción necesita de la copartición social, de la propaganda, de la aquiescencia del nosotros. Tal característica se halla presente en el ritual colectivo del coqueo indígena. Cuando el trabajo individual ha finalizado se coquea en comunidad, según ceremoniales muy estrictos. Y cuando no se puede armar el grupo face to face sucede lo que un día descubrí en el departamento de Nariño, al sur de Colombia: de espaldas al camino un grupo de indígenas "mambeaba" solemnemente sin importarle lo que sucedía detrás de ellos, porque a doscientos metros de distancia otro grupo también lo hacía, abismo de la quebrada por medio, contemplando desde la lejanía a sus quietos hermanos, participantes en el rito colectivo del coqueo.

Volviendo a la catequesis de la cocaína. A la cual me refería antes de esta digresión, debe decirse que ella no es ni autónoma ni autárquica. Se basa en la demanda constante y agónica de las drogas livianas y pesadas, cuya distribución está a cargo de los procesadores remotos y los abastecedores locales de los ensueños clandestinos y las parafernalias del Poder. La oferta, dócil y eficaz, iba a la saga de esta demanda hasta que advirtió que era conveniente tomar la iniciativa. Y ambas – la demanda, que por una dosis, cuyo nomenclátor folclórico a partir de la clásica pizzicata daría para todo un diccionario de argot de la droga, vende las lamas al diablo, y la oferta, que promete un paraíso y entrega un infierno- constituyen las estructuras gemelas de ese perverso emparedado que hoy trastorna a los gobernantes, médicos y psicólogos del mundo entero.

Dentro de este emparedado sociocultural se debate la ambigua figura del drogadicto, un desdichado "enfermo" a quien se le puede rehabilitar en una clínica, o un solapado "criminal" a quien se le debe aplicar todo el rigor de la ley, como reza el maniqueísmo médico policíaco de los que creen que podando las ramas del árbol se conjura le enfermedad de las raíces.

Obediente a la pareja hegeliana del amo y del esclavo, ese drogadicto, está acompañado, como ya se ha visto, por la contrafigura de su abastecedor, que distribuye al menudeo lo que importa por mayor el traficante, y tras el traficante se extiende toda una cadena feudal de relaciones y contraprestaciones coronada por los "barones de la droga", que no son solamente los de Medellín y Cali, como afirman las columnas periodísticas de los países de mayor consumo. Para extirpar la maldición del indio, que al fin terminó por caer sobre los descendientes de sus genocidas , los EE.UU., fronteras afuera, ponen los dólares, los aviones, la flota y los marines y, fronteras adentro, las naciones sudamericanas –pensemos en el cotidiano drama de Colombia-, ponen sus muertos. Pero este tráfico asunto que tiene en vilo a la humanidad contemporánea, no será por ahora, el centro de gravedad de mi trabajo.

En el inmediato tratamiento del tema, que como antropólogo testimonial y ciudadano colombiano conozco desde su mismo epicentro, dejaré de lado el turbio hemisferio abarcado por las sociedades secretas del cocainismo y su represión a cargo de una metodología obsoleta. Me detendré, en cambio, y con una morosidad poco habitual en este tipo de literatura –hoy convertida en sensacionalista cuando no amarillista- , en los aspectos del cocaísmo indígena del área andina de nuestro continente. Voy a referirme pues, abundando en detalles quizá por muchos desconocidos, al cocaísmo del indio peruano, boliviano y colombiano, muy distinto por cierto del cocainismo del hombre urbano de la contaminada sociedad del desperdicio.

Este tipo de cocaísmo tradicional requiere un tratamiento polisémico y multidisciplinario. La arqueología, la antropología, la historia, la botánica, la geografía, la ecología, la química, la medicina, la psicología y otras ramas del conocimiento se han topado con el tema y, quieras que no han tenido que lidiar con él. Si cabe un enfoque sistémico del mismo, como resulta de su totalidad integrada, debemos abordar entonces, sistémicamente, el plexo significativo de dicho asunto.

Pero antes conviene advertir que los países centrales quieren terminar con los plantíos de coca en Sudamérica so pretexto de liquidar el vicio propio arrasando, con napalm o con lo que más convenga, las comarcas donde se origina la planta maldita llamada por los botánicos Erythroxylon Coca Lamarck, nombre científico que previene del color rojizo de su tronco. De este modo se consagraría una agresión más al patrimonio cultural indígena, provocando lo que Baldomero Cáceres denominó "una apocalipsis andino"[i]. Porque la coca, universo totalitario y determinante, es para el indio la columna vertebral de su resistencia fisiológica al hambre, a la fatiga y a la altura; el eje de su sociabilidad; la impulsora de su cosmovisión de lo humano y lo divino; la lógica del rito y la poesía del mito.

En el razonamiento de los que no saben acerca de su múltiple papel en la vida indígena andina la coca es una planta cuya desaparición significaría, al acabar con la causa, el cese de los efectos malignos y el fin de un ciclo aciago;

en el de los que conocen su relevancia cultural e importancia energética, su liquidación supondría también la de los millones de aborígenes que la consumen desde hace por lo menos dos milenios y cuya existencia poco importa a los soidisant civilizados: un genocidio más en la roñosa cáfila de los "animales vulgarmente llamados indios" (Brackenridge, 1782) en nada afectaría los fundamentos de la cultura de Occidente.

La coca, tema y problema

El tema de la coca, bueno es recordarlo, siempre fue un problema: los incas la prohibieron al pueblo, reservando su uso a los señores; los encomenderos coloniales se dedicaron a plantarla a troce y moche, y los sacerdotes cristianos la maldijeron pese a que, como decía el inca Garcilaso de la Vega , *"también tiene otro gran provecho, y es que la mayor parte de la renta del obispo y los canónigos y de los demás ministros de la Iglesia Catedral de Cuzco es de los diezmos de las hojas de cuca"*[ii]. Luego de la querella desencadenada entre los partidarios y enemigos de la coca a fines del periodo colonial, a la que me referiré luego, a partir del ocaso del siglo XIX y comienzos del XX, hubo una intensa y apasionada discusión, que a veces nada tuvo de científica, entre los defensores de la cocaína con Freud a la cabeza —aunque su hija expurgó Uber Coca de las Obras Completas- y los detractores del coqueo quienes aducían los nefastos efectos de su práctica en la salud física y mental, amén del impacto destructivo sobre los valores morales de los indígenas cordilleranos.

Sin embargo el problema de la coca tiene otra escala y otra entidad que el de la cocaína, ese azote de la Era de la

Revolución científico-técnica como pomposamente llamamos a una época –la nuestra- que por concederle todo al Tener, según decía Gabriel Marcel, no reserva nada o casi nada al Ser. En consecuencia, al limitarme a la cultura andina y a sus etnias representativas lo hago con el propósito de mostrar un complejo universo de signos y símbolos cuya decodificación en el ámbito rioplatense podrá, por lo menos así lo espero, proveer a los profanos de algunos conocimientos y a los iniciados teóricos o prácticos en la drogadicción cocaínica provocarles algunas sorpresas. Pero antes de entrar en el carozo del asunto permítanme los lectores un recuerdo personal, no del todo impertinente.

En los cocales del cauca

De tanto en tanto vuelve a molinillo de recuerdos un suceso que se ha grabado en la memoria de tal modo que retorna a mis evocaciones de modo recurrente.

Hace quince años me encontraba haciendo investigaciones de campo en el municipio de Bolívar, situado en el sur del Departamento del Cauca, Colombia, allí donde el macizo andino sudoccidental, abierto como una estrella orográfica, reparte las aguas de los grandes ríos que descienden hacia la Amazonia, la Caribia y la Pacífida.

Estaba sentado en unas piedras a la orilla del camino, descansando de una larga jornada de trabajo. A mi frente se empinaban las montañas, azules ya por las nieblas y los humos del atardecer, agobiadas por el peso de un cielo enorme que soportaba otros cielos aun más altos, alumbrados por las primeras estrellas. El paso de la luz a la sombra, en efecto, es casi súbito a dos grados al norte del

Ecuador. Y mientras la noche presurosa devoraba los últimos despojos del día, el paisaje entero, mitad naturaleza y mitad humanidad, pareció detenerse durante un interminable instante –ilusión de los sentidos o dádiva de los dioses- para que fijara en el registro de mi umbral perceptivo toda aquella plenitud cósmica de las cosas y todo aquel fatigado trajinar de los indios caucanos. Por ello es que puedo escribir con tanta precisión y emoción ese momento privilegiado de mi vida andariega.

Detrás mío sentía el roce de los millones de hojas de un plantío de coca que trepaba la escalera de bancales de una colina. Por una cornisa de esa misma colina descendía un camino de herradura y sobre el polvillo ocre de su pavimento golpeaban amortiguadamente los pies de decenas de indios que volvían a sus chozas. Marchaban en fila, que no en vano se le llama india; atravesaban el vado del arroyo gordo, a donde yo iba todos los mediodías para ver a las mariposas azules planear por sobre las aguas que arrastraban las escamas minúsculas de pepitas de oro, y, luego de trepar un pequeño tramo, salían de mi vista, rumbo a las cocinas donde la comunidad familiar reviviría los antiguos mitos de los indios paeces mientras engullía su escaza pitanza. Cada uno de los indios, sin excepción, tenía una protuberancia debajo del carrillo. Mambeaban coca –mambear es succionar, no masticar un bolo de hojas con un aditamento alcalino- como lo venían habiendo desde el fondo de los siglos sus antepasados de la familia lingüística macrochibcha, venida del norte, y como lo hacían los indios pastos y quillacingas que ocupaban anteriormente la vecina zona meridional de Nariño, última Thule sumergida por la marea militarista con que Huayna Capac anegó el sur de la actual Colombia.

Caminaban duros como husos, con las ruanas terciadas, y sus pasos, ingrávidos como si fueran de aparecidos, orillaban cuidadosa, reverencialmente, el contorno de un espacio sagrado.

Dentro de ese espacio se dilataba el plantío de la Mama Coca. Y mientras la noche definitivamente se adueñaba de los seres y los objetos, allá en lo alto, como suspendidos de la nada, brillaban los faroles del poblado La Herradura y mucho más arriba aún, los de la remota ciudad de Almaguer, destruida por un terremoto en 1765 junto con las porcelanas alemanas y los clavecinos franceses transportados a lomo de indio hasta aquellas vertiginosas alturas.

En este instante preciso fue cuando todo pareció movilizarse en la invisible retaguardia que se extendía a mi espalda. Mientras crecía violentamente la voz de un vendaval, es decir, un viento que venía de abajo, desde el corazón de la tierra, y que solo soplaba dentro de mí mismo, se sintieron unas como pisadas de dos seres gigantescos y sobre mi nuca se derramó el aliento de dos poderosas respiraciones, audibles a un lado y otro de mi cabeza, cuyos pelos se erizaron al igual que los de un gato asustado.

No hubo bisbiseos fantasmales ni voces de ultratumba sino un calor súbito en el aire. En ese instante, íngrimo y solo como nunca, yo de algún modo adivinaba que, a despecho de los habituales ensueños y los tenaces desvaríos propios de mi alma desarraigada, allí estaban los hijos del Sol enviados por Wiracocha para instruir a los mortales.

El uno era Manco Capac y la otra su hermana y esposa, Mama Ocllo. En realidad no eran ellos sino sus sombras, en parte personificación de las leyendas y en parte sedimento de mis incansables lecturas sobre la génesis mitológica del Inkario, que brotaban del mar de los cocales y me exigían, sin pedirlo expresamente –esta es la gracia del encantamiento- el beneficio de mi credulidad, la empatía chamanística de mi espíritu, la sujeción plenaria de mi pequeño saber a su omnisciencia.

Yo no sé si aquello se volvió una especie de hechizo telúrico, si fue uno de los frecuentes caprichos de mi fantasía o si se trató de la momentánea encarnación de un mundo fabuloso que día tras día evocaba al tender mi vista sobre el cocal, donde Mama Coca y Mama Ocllo iban de la mano, caminando sin cansancio sobre los arbustos murmurantes.

Para quienes no saben quiénes eran estos personajes les cuento que Manco Capac fue una especie de Prometeo, dador de las ciencias y las técnicas a los hombres hasta entonces desamparados y que Mama Ocllo fue una Demeter indiana, dispensadora de la agricultura en general y de la coca en particular. A partir del regalo de aquella heroína cultural la coca fue la planta sagrada por excelencia, la ahuyentadora del soroche o mal de alturas, la nodriza del indio agricultor y minero, la defensora del cuerpo cuando aprieta el frio y agobia la flojera, la escondedora del hambre, la patrona de la solidaridad comunitaria.

No sé cuanto duró aquel instante sobrecogedor. Luego todo pasó, volvieron a brillar las estrellas y el vendaval que brotaba del pecho abierto de la tierra se hizo suave brisa, respiración tranquila del lucero. A partir de este momento, mágico y extático a un tiempo, me prometí a mi mismo –y a las sombras tutelares de Manco Capac y Mama Ocllo-, contarles que mis compatriotas uruguayos al regresar al terruño, lo que me llevo doce años de esperas y peregrinaciones, y no solo antropológicas, la prodigiosa historia de la coca andina, de la Mama Coca. Y esto es lo que comienzo a hacer. Mal que le pese a Paciuk[iii], quien, en uno de estos días a la brava, me llevará al diván para analizar mi síndrome chamánico.

¿Planta sagrada o yerba del demonio?

Según la mitología, como vimos, la coca era un don de los dioses. El antiguo indígena de los Andes estableció en derredor de ella una serie de rituales, cuyos relictos aún sobreviven bajo la epidermis del cristianismo. Dichos rituales son a la vez mágicos, religiosos y sociales. La coca es la compañera del caminante solitario y el sortilegio de la sociabilidad que ata al hombre con el hombre y al grupo de hombres con la comunidad de los dioses. Es la medida del tiempo humano y la dadora de los cuatro rumbos del espacio cósmico. Es el nexo comercial que une los mercados de la sierra con los yungas, los valles cálidos de mediana altura existentes en Bolivia, y La Montaña, que así se le llama en el Perú a las estribaciones andinas orientadas hacia la selva amazónica. Es la medicina que dispensa del dolor, el cansancio y la tristeza. Es la yerba adivina que ayuda a predecir el futuro y, en contadas y solemnes ocasiones, a destapar los cántaros del pasado, colmados de agua negra y emponzoñada, al igual que la mala conciencia de los hombres.

Para la iglesia española, que demostró tanto celo en extirpar las *"abominables idolatrías"*, la coca era una yerba maldita. El inquisidor Juan de Mañozca, residente en Quito, le cuenta al rey en 1626 lo siguiente: "Toman, Señor, en estas dos regiones, con grande disolución, la coca, yerba en que el demonio tiene librado lo más esencial de sus diabólicos embustes, lo cual los embriaga y saca de juicio, de manera que enajenados totalmente dicen y hacen cosas indignas de cristianos, cuanto más de religiosos. Juzgo que si la Inquisición no mete la mano en esta infernal superstición, se ha de perder esto"[iv]. Eso no se perdió por la coca. La coca se fue del Ecuador porque allí no había minas de rendimiento rentable y el encomendero no alentó sus plantaciones, escasísimas durante el esplendor de Quito, para hacer negocios leoninos a costa de sus mitayos. Hoy ese país sigue libre y vacio de la "yerba infernal"; fueron otros los males que le deparó el coloniaje y que todavía pesan sobre los flacos hombros de los huasipungueros. Pero ésta, con ser terrible, es otra historia.

Entre la abominación y la alabanza se enciende la sobria y fidedigna luz de los hechos. La coca es un bien insustituible en el repertorio alimenticio y espiritual del hombre andino. Así como hubo una trinidad agrícola en el Mediterráneo, el Mare nostrum de las civilizaciones de la vid, el trigo y el olivo, en los Andes hay también una trinidad integrada por la papa de los páramos, el maíz de las vertientes y la coca de los valles húmedos y calurosos, sin ser abrazadores. Así lo dice un etnobotánico tan atendible como Ricardo Latchman: "después del maíz y la papa, la planta que desempeña el papel de mayor importancia entre las que cultivaban los antiguos peruanos era indudablemente la coca, *Erythroxylon coca (Lam)".* [v] El "era" empleado por Latchman se remite al ayer. No es así. En la actualidad la coca conserva el aprecio del indio y se la utiliza profusamente en las alturas. Ya veremos si es inocua o no, que ambas posiciones tienen valedores, entre las cuales figuran ilustrados y respetables científicos. Pero la cotidianidad de las costumbres – el uso de la coca se denomina precisamente "la costumbre"- señala una indeclinable permanencia de su funcionalidad.

El habitante de las ciudades colombianas, peruanas y bolivianas tampoco la rechaza, si bien no coquea al estilo del indio.

La tizana de hojas de coca, digestiva y benéfica, humea en las mesas después de las comidas. Se compra en las farmacias, llamadas también droguerías. Y nadie moteja de vicioso al que la bebe. En el mundo andino, sea el del indio o el del blanco, se separan con límites precisos el cocainismo, negocio de los "narcos", del cocaísmo, tradición de los hijos de la tierra.

Introducción a la erythroylon coca

Dicho lo anterior, a continuación procuraré ofrecerle a los lectores en breve, y ojalá que ameno, texto multidisciplinario sobre la coca.

Lo hago porque me siento moralmente comprometido con la causa del indígena andino y porque más amigo que del indio soy de la verdad, es alusiva aletheia que se escapa como la arena entre los dedos de los hombres que una y otra vez procuran asirla. Y la verdad es que si a la sociedad indígena andina se le quita el consumo de la coca, mediante el incendio de los sembrados y otros procedimientos destructivos, se cometerá un terrible error cultural que, inevitablemente, proyectará sus efectos sobre la propia vida de los habitantes de las mesetas, las vertientes y los valles de la Cordillera. Como conozco y amo este mundo, que en realidad no es otro que nuestro mundo, voy a romper una lanza por sus pobladores y sus valores humanos, aunque se hallen ambos muy lejos del interés del hombre rioplatense que, como decía Antonio Machado refiriéndose a cierto tipo de español, *"desprecia lo que ignora"*.

El orden que seguiré es el siguiente: primero trataré acerca de la etnobotánica y la preparación de las hojas de coca; luego abordaré los aspectos arqueológicos, etnográficos, sociológicos, folclóricos y económicos de su utilización tradicional, donde rito, religión, magia y mántica van de la mano; finalmente, procuraré adentrarme en la vieja y la nueva polémica acerca del coqueo como costumbre y como weltanschauung. Empleo a propósito esa palabra que parecería reservada a la misión germánica del hombre y el cosmos y que, sin embargo, cabe perfectamente en el caso de la sociedad indígena andina. Lo demás y la letra menuda correrán por mi cuenta. Doce años trepado en los Andes y caminando entre los nevados, los volcanes, los páramos, los altiplanos y los valles, escenarios de la vida urbana y rural de sus habitantes, me conceden si no autoridad, por lo menos un viso de verosimilitud mayor que el reclamado por las informaciones de las agencias mercenarias y los silogismos tremendistas de los represores que prometen sangre y fuego para terminar, en el huevo, con las presuntas etiologías de sus enfermedades sociales.

A la sombra de las plantas en flor

La etnobotánica es una rama de la antropología que estudia las relaciones existentes entre los hombres, en tanto que fabricantes y portadores de cultura, y el reino vegetal.

Hubo una antigua fraternidad entre el ser humano y la planta iniciada en el paleolítico, acentuada durante la revolución agrícola pastoril y conservada por aquellos pueblos que hoy, cada vez más vulnerados por el etnocidio, viven al margen de la civilización representada por el imperio mundial y mediatizador de las ciudades. Los personajes folclóricos del yuyero criollo y del brujo africano evocados en el candombe por el gramillero envarado y tembleque – no tanto por la vejez sino por el impacto psicosomático de los alucinógenos- constituyen figuras emblemáticas que van más allá de lo pintoresco.

Ellas nos recuerdan, en estos tiempos de la farmacopea química, que en la aurora de la humanidad existió un intenso manejo de la flora por quienes los antropólogos alemanes de fines del siglo XIX dominaron Naturvolker, o sea pueblos en contacto con la naturaleza, como debe entenderse, y no, pueblos en estado de naturaleza, como algunos traducen olvidando que no hay sociedad humana sin cultura y que la cultura es lo menos natural que concebirse pueda[vi].

La etnobotánica de la coca permite, si no descubrir, por lo menos describir algunos de los mecanismos de aquella infusa sabiduría que el mal llamado salvaje[vii] utilizó para distinguir en el complejo universo ambiental las entidades maléficas, neutras y benéficas. Entre estas últimas figuran las pocas pero muy bien escogidas especies de animales y plantas que domesticó, que antropizó, si cabe el término, y que al cabo integró el acervo de un manejo empírico pero correcto de la naturaleza que hoy algunos científicos comienzan a reivindicar con simpatía y respeto.

Las cosas por su nombre

Cuando los botánicos coloniales clasificaban en el gabinete europeo el herbolario de especies "desconocidas" recogidas in situ y luego, latín y egolatría mediante, nominaban según la fórmula linneana, se vieron obligados a reconocer con cierta amargura, que los aborígenes, sus verdaderos descubridores, las conocían, usaban y por consiguientes designaban en sus respectivas lenguas con toda propiedad y acierto mucho antes que ellos, los científicos trasatlánticos, las convirtieran en materia académica.

La coca no escapó a éste sino. La denominación prevalente en América andina era khoka. Khoka en aymára significa planta, y no cualquiera, sino La Planta, la que así merece llamarse por principalía y por antonomasia. De dicha voz se originan cuca, cochua y koka, según el diverso decir de las comarcas quechuaparlantes. Coca y no cuca, es la voz que se incorpora a nuestra lengua. Pero las denominaciones regionales son múltiples.

En Venezuela, Colombia y las Islas del Caribe, donde se consumía la hoja al llegar los conquistadores, se le denomina jayo (hayo) y hahiu. Un recopilador de noticias, que mucho escribió sobre América sin salir de Europa, cuenta que ya en 1499 Fray Tomas Ortiz había comunicado a la jerarquía eclesiástica peninsular que los indios venezolanos succionaban las hojas de hayo[viii].

 Otro escribidor de oído, Antonio de Herrera, dice acerca de los naturales de Nueva Granada que "tienen repartidos los tiempos en meses i años, muy al propósito: los diez días primeros del Mes comen una ierva, que en la costa de la mar llaman Hayo, que los sustenta mucho i hace purgar sus indisposiciones; y pasados los diez del Hayo, tratan los otros diez días en sus labrança y Haciendas y los otros diez los pasan en sus casas"[ix]. Ceremonial mágico religioso, trabajo para la subsistencia y sociabilidad afectiva; he aquí la tripartición del tiempo sacral y el profano entre aquellos "salvajes", quienes, armónicamente, habían organizado un complementario juego alterno entre la necesidad de la nurtura y la ritualidad de la cultura, no advertido por el piedeletrismo del recopilador.

La coca se introduce hondamente en el área amazónica, donde las tribus que la utilizan por razones culturales, cuyas técnicas son distintas a las andinas, como lo veremos, la denominan ypadu e ypatu y de aquí derivan ipado y batu. Los antiguos cuerpias y thamies del Rio Cauca, en Colombia, lo llamaban huho, y para terminar, pues este nomenclátor sólo sirve para señalar su difusión y no para abundar en un fatigante inventario, digamos que en el propio Perú, hacía el nordeste, donde hoy se extienden inmensos cocales fomentados por los señores internacionales de la coca -cuyos taparrabos son los barones negros de Medellín y Cali- y sembrados por los nuevos coca-camayoc, los plantadores especializados, florece una constelación de nombres comarcales y locales: hibia, hibi, hibio, ebee, etc.

En el campo científico la coca ha sido estudiada y nominada por los botánicos europeos, quienes aún no se han puesto de acuerdo acerca de las especies y variedades, dado que se describen alrededor de diez tipos diferentes y fueron poco quienes se aventuraron a los valles húmedos del piedemonte andino o a los ecosistemas amazónicos para trabajar en el terreno. Los herbolarios académicos o museográficos, son cementerios de hojas, raíces y frutos. Huelen a muerte, a polvo, a comejenes cadavéricos, a insecticidas insufribles. Para conocer de veras a las plantas como son, en cuanto que criaturas autótrofas y beneméritas productoras de oxigeno e hidratos de carbono, es preciso convivir con ellas en sus nichos ambientales, confraternizar con su mundo clorofiliano, un verde anillo que oficia de nexo entre la Tierra y el Aire, que tiende un puente biocósmico entre el Fuego y el Agua; palpar en el terreno sus troncos rugosos o sus tallos delicados; aspirar el aroma genuino de las hojas, de la madera viva, de la flor recién abierta; verlas crecer en sociedad –alguien tan digno de ser atendido como el sabio suizo Braun Blanquet se atrevió a fundar y desarrollar en un libro célebre toda una pflanzen-sozioologie-, y sentir, como gratificante corolario, el tranquilo vigor, la afirmativa plenitud que brota de sus arquitecturas florísticas.

Por haber tenido la fortuna de montear en muchas formaciones vegetales de este planeta, ni tan ancho ni tan ajeno, sentí, al sumergirme en ellas, el múltiple y contradictorio sortilegio de la selva ecuatorial, de los frailejones y musgos paramunos, de las llanuras empastadas donde Reinan los herbívoros, de los matorrales cada vez más ralos que anuncian las desnudas travesías por el erg arenoso o por la hammada pétrea. Para desarrollar este ejercicio situado entre la mayéutica y la poética, porque es hijo del entusiasmo, del dios que nos alumbra por dentro, no es preciso ser un botánico. Yo no lo soy ni por pienso, aunque en mis trabajos de campo tuve trato con ellos y algo aprendí de su destreza taxonómica. No obstante, al mundo de las plantas hay que encararlo en estado de gracia porque, al cabo, todas ellas son sagradas. Este oficio de dialogar con el aura espiritual de los vegetales –jamás olvidaré el estado de trance que me provocó la embestida de una oleada de aromas nacida después de la lluvia en las faldas del Itatiaia, en la brasileña Serra de Mantiqueira- me permitió entrar con sencilla familiaridad en el agrosistema del cocal, un templum lleno de alusiones y misterios, transformados hoy en peligros, donde patrullan desde un remoto pasado el desvelo laboral de los indios y la antigua majestad de los dioses. Pero el tema escogido me urge: debo dejar al lado los devaneos personales y entrar en el recinto taxonómico de la Mamma Coca, que para eso he convocado a los lectores.

La taxonomía de los botánicos

Los distintos ejemplares de plantas de coca llevados en 1750 por Joseph de Jussieu a Francia, provenientes de la legendaria zona de Coroico, Bolivia, permitió que los estudiaran naturalistas de la talla de Antonio José Cavanilles y Jean-Baptise Lamarck. Éste último analizó y describió los caracteres de la planta y de tal modo surgió en el horizonte botánico la Erythroxylon coca Lamarck. La madera rojiza del tallo es la que sugirió el primer nombre, aunque dicha tonalidad está casi totalmente escondida por una corteza blancuzca, semi áspera, que con el tiempo se recubre con el lacco, que así se le llama en quechua a un liquen cuyas tonalidades están a mitad de camino entre un sucio pálido y un resplandor desvaído. Pero luego de Lamarck otros botánicos ahondaron el estudio de la coca y se convirtieron en los propugnadores de dos posiciones opuestas.

Unas afirmaban que no hay cocales en estado salvaje y sí variedades cultivadas cuyas simientes, vehiculizadas por las aguas o los pájaros, se trasladaron a zonas boscosas para cumplir allí un proceso de acimarronamiento, de involución a la ya perdida naturaleza originaria. Las variedades cultivadas son el huanuco o bolivianum Burck; la bolivianum Morris; la spruceanum Burck denominada tambien Ypara, coca del Perú o clase de Trujillo; y las variedades colombianas novogranatense Burck y novogranatense Dyer.

Los sustentadores de la otra tesis adujeron que hay cocales salvajes en las selvas amazónicas del Rio Negro, cuna, según ellos, de la Erythroncilococa desarrollada en las plantaciones de Bolivia y Perú, y que las variedades novogranatense, que se siembran en Colombia desde la Sierra Nevada hasta el departamento del Cauca, provienen de los cocales también salvajes aún existentes en la isla antillana de Tobago. La discusión sigue aún, pero la coca está ahí, al margen de las controversias de salón, floreciendo bajo el sol y verdeando entre las lluvias. Es un vivo monumento natural, perfeccionado por la cultura, y no el trabalenguas taxonómico escrito en una tarjeta amarillenta.

Retrato de la mama coca

Cuando los españoles descubrieron el mundo etnovegetal de la coca se sirvieron del socorrido expediente de comparar la planta con las especies peninsulares por ellos conocidas. Este hábito tergiversador se aplicó por igual a la flora y la fauna de América: Colón llamó panizo al maíz y Shmideel lo confundió con el grano turco; los bisontes fueron denominados vacas corcovadas y las llamas carneros de la tierra: los yaguaretés recibieron el nombre de tigres: al ananá o abacaxí, por su semejanza con la fruta del pino, se le llamo piña. Del mismo modo al describir la planta de coca los peninsulares la compararon con otras por ellos conocidas. El Padre Blas Valera dice que la coca es un *"arbolillo del alto y grosor de la vid"* mientras que la hoja *"de la haz y del envés en verdor y hechura es ni más ni menos que la del madroño"*.[x] Por su parte Fray Bartolomé de las Casas advierte semejanzas del "árbol que llaman hay" con el arrayan y afirma que los "bocados" de sus hojas fortifican los dientes y muelas de los indios.[xi]

La coca no es un arbusto sino un árbol. En pleno desarrollo puede superar los cinco metros de altura, pero los indígenas, mediante periódicas podas, no lo dejan sobrepasar los tres metros. La disposición de las ramas, rectas, fuertes y alternadas le dan una forma más o menos cónica. Sus hojas, de color verde oscuro, suavemente lanceoladas, tienen, según las variedades, entre cinco y diez centímetros de largo. Por el centro corre un nervio visible y a ambos lados se dibuja, como una hija más clara inscripta en la oscura, la esbelta replica espectral que le concede una inconfundible característica, digna de una interpretación esotérica, que quizá la tuvo. La hoja posee además, en la implantación de su corto pecíolo en la rama, dos estípulas reducidas a la condición de cuasi espinas.

De los poros de los estomas sembrados en la epidermis foliácea brota un aroma inconfundible. Por ello el cocal entero está sumergido en una atmosfera densa, *"poco suave"* según el parecer del citado padre Blas Varela, que preanuncia las propiedades energéticas de la docena de alcaloides agazapados en el interior de las células. Cuando llegan los meses de mayo y junio la coca florece. Se cubre de flores de color amarillo pálido, cuyos cinco pétalos se abren solitariamente, como dedos fragantes, o forman un reducido ramillete de dos o de cuatro.

Luego vendrán los frutos, unas drupas pequeñas de corte hexagonal y núcleos rojos programados para la formación y entrega de una sola semilla. Cuando el cocal se cubre de flores, al silvestre y áspero aroma de las hojas se le suma una suave respiración que endulza el aire nocturno y guía las estrellas vivientes de las luciérnagas hacia aquella galaxia vegetal, constelada en su propio perfume. Así como hay un olor a guayaba que embelesa al Gabo García Márquez y a los colombianos, quienes la han convertido en el hada madrina de sus bocadillo veleños, existe también un oleoso y penetrante aroma a cocal debido, más que a sus recónditos alcaloides y a su astringente tanino, a un sistema de aceites vegetales que confieren a sus hojas, erguidas como espadas, esa aura a la vez ríspida y untuosa que se mete nariz y cuerpo adentro.

El hábitat del cocal

La coca es una planta singular. Su hoja es el émbolo energético y el común denominador ritual de la gente andina que vive en los pisos altos de ese gran edificio terrestre, columna dorsal de América del Sur. Pero no se cultiva en los Andes pétreos, ni en sus páramos empapados por el vapor de una perpetua neblina, ni en sus estrechos valles mordidos por las ventiscas, sino en las pendientes abiertas a la planicie amazónica donde no hay temperaturas extremas ni penetra la zarpa mortal de las heladas. La planta necesita calor, lluvia, suelos porosos pero no de naturaleza calcárea. Fuera del espectro térmico que va de los 15 a los 20 grados la coca pierde su lozanía. Solo la variedad novogranatense Burck se adapta al calor de la floresta tropical, aunque sus hojas no tienen ya el sabor de la sembrada en los yungas bolivianos, en los rebordes de la vertiente amazónica peruana o en el piedemonte de la Sierra Nevada de Santa Marta. Las alturas óptimas para que prospere el cocal van desde los 700 a los 1700 metros. Las plantas que se siembran más arriba del límite superior tienen hojas ralas y de poco gusto.

Nicho ambiental y nicho cultural

Pueden distinguirse tres momentos históricos en cuanto a la ubicación y extensión de los plantíos de coca. El primero es el de la América precolombina. Durante esta etapa los plantíos se extendían por la zona clásica andina incluyendo al Ecuador –hoy sin cocales-, abarcaban varias islas del Caribe, penetraban en América Central y alcanzaban a México, según se desprende la interpretación de algunos testimonios. Yo pienso, y esta es una opinión personal, que a México llegó la hoja y no la planta. El comercio de los antiguos mexicanos era muy activo por tierra y por mar: quien hoy visite las ruinas del puerto maya de Tulúm puede imaginar sin gran margen de error que las naves iban más allá de la cercana Isla de Cozumel. Por otra parte el consumo de la coca por el indígena estaba en relación con el hábitat andino; ni en la planicie calcárea de Yucatán, donde el agua pluvial se infiltra hasta los cursos subterráneos solo accesibles mediante los cenotes, ni en la meseta mexicana, con pocas lluvias, existieron condiciones climáticas y exigencias socioculturales que justificaran el cultivo de la planta o el consumo de su hoja por el hombre.

La segunda etapa se inicia con el coloniaje y llega hasta los años sesenta de nuestro siglo. En el periodo de la gran minería del Alto Perú hubo un empuje en la extensión del área sembrada, pero en los cocales, por entonces, ya habían desaparecido de América Central y las islas del Caribe. Lo mismo había sucedido con los del noroeste de la Argentina. Aunque la latitud a lo largo de los meridianos se acorta, la superficie cultivada aumenta. Los incas la tenían controlada. Los latifundistas coloniales la acrecieron pues la venta de las hojas comenzó a formar parte de su negocio. Sin embargo la coca se plantaba para abastecer a los coqueros y no más.

La tercera etapa, la actual, se inicia con el despegue y auge del consumo de cocaína. La superficie de los cocales se desmesura. El campesino gana cincuenta veces más por hectárea si en vez de cultivar los clásicos productos para la subsistencia y la comercialización planta en ellas un cocal. En tal caso, a esta siembra de pura coyuntura económica, no hay que ofrecerle el propicio nicho ambiental que da a la hoja excelencia y sabor, sino exigirle una sobreproducción que permita elaborar la pasta de cocaína, la cual será luego refinada en los laboratorios ocultos de la selva. Uno de ellos, destruido en Colombia por las fuerzas especiales del gobierno, tenía el pintoresco nombre de Tranquilandia…

Los cultivos masivos practicados sobre los desmontes y quema de la hylea son atendidos por mano de obra asalariada no necesariamente indígena. Y el destino de esas miles de toneladas de hojas desvirtúa la endocultural función originaria. La superproducción se convertirá ahora en un alcaloide en polvo, la peste blanca del siglo XX, el cual llegara diligente e incesantemente a los grandes centros de consumo mediante un trasiego al por mayor, cuyos mecanismos y eslabones permisivos ("dádivas quebrantan peñas") invaden insospechados espacios de respetabilidad, y un transporte al por menor, a cargo de "mulas" individuales, infiltradas en todos los aeropuertos, aduanas terrestres y puertos marítimos del mundo.

Durante la última etapa han cambiado algunos de los padrones de cultivo tradicional. No obstante, ésta continúa siendo, a grandes rasgos, semejante al practicado durante el inkario y la colonia. A él, a sus técnicas y a sus portadores, voy a referirme de inmediato.

Daniel Vidart

El agrosistema y los nuevos coca-camayoc

Vamos a comenzar por el principio, es decir, por la plantación de un cocal, cuyos requisitos son más complejos de lo que la gente no informada supone.

Para preparar los almácigos, etapa previa de la siembra, se efectúa una cuidadosa recolección de semillas, una por cada flor, como se dijo, que se hallan recubiertas por una crujiente cascara. Una vez recogidas las semillas, éstas se seleccionan y limpian cuidadosamente, casi con reverencia, escogiendo las más grandes y sanas.

Las épocas de siembra varían pero en el Perú, donde hoy el cocal desbrava la selva montañosa con hambre de tierras — una insaciable geofagia que esteriliza en pocos años los frágiles suelos tropicales- el momento más propicio es al comienzo de las lluvias, entre diciembre y enero. Las semillas se plantan casi superficialmente y cuando los almácigos comienzan a brotar, lo que sucede a las dos semanas, las plantitas tiernas son recubiertas con una rústica techumbre de totora, el huasichi, para que no las achicharre el sol.

Llueva o no, y llueve casi a diario, los almácigos son rociados cotidianamente hasta que alcanzan un porte mediano. A partir de entonces todo queda librado a la buena fe de la función clorofiliana y a las manos cuidadosas que de tanto en tanto extirpan las hierbas invasoras. Así pasa un año, al cabo del cual se efectuará el trasplante de las plantas jóvenes.

El trasplante está precedido por otro ceremonial. Las tierras donde va a implantarse el nuevo cultivo son elegidas muy cuidadosamente. En Bolivia se buscan las negras o las arcillosas provenientes de pizarras meteorizadas y en Perú se prefieren las que se forman en las suaves pendientes o en los lugares llanos cuyos suelos no retienen las aguas llovidas. Los suelos inundados, en efecto, perjudican el desarrollo de las plantas. Una vez escogido el sitio se limpia de malezas, arrancándolas de raíz, y se desmenuzan los terrones. Esta es una operación realizada cuasi religiosamente. La azada primero y luego la mano, que acaricia con unción y amor la tierra finamente pulverizada, logran al cabo de largas y fatigantes jornadas la obtención de un mantillo suave, limpio y poroso.

Cuando se planta la coca en las pendientes se recurre a veces, según el ángulo de inclinación de éstas, al antiguo sistema de andenes, bancales o terrazas. Estos escalones, llamados sucres en quechua, constituyen verdaderas obras de ingeniería, calzados mediante sillares de piedra, que forman paredes alineadas a lo largo de las sucesivas cotas hipsométricas, y rellenados uno tras otro por la tierra que viene a lomo de indio, encanastada, desde el fondo de los valles, representan una hazaña técnica y una epopeya laboral tanto o más significativa que las pirámides de Egipto. Hoy día no tienen ni la impotencia ni la difusión logradas durante el inkario pero siguen dominando en los paisajes serranos en donde se asientan las comunidades agrícolas.

Los tiernos arbolillos de coca trasladados a los bancales se trasplantan de a dos o tres en los aspi, excavaciones cuadrangulares calzadas con piedras para que los bordes no se desmoronen. De este modo cada hoyo puede retener las aguas pluviales y la planta obtiene así una especie de receptáculo que impide su remoción y facilita su asentamiento. Al cabo de unos meses se arrancan las plantas con menos desarrollo y se deja la más esbelta y fuerte. El hombre ayuda así, culturalmente, a la selección natural convirtiéndose en un demiurgo, en un manipulador de la vida, tal cual ha sucedido con todos los procesos de domesticación y funcionalización de animales y plantas. Cuando el trasplante se efectúa en terrenos llanos se hacen surcos distanciados un metro de otro. En cada surco o huacho se coloca un arbolito. Cada árbol trasplantado se separa del otro con un depósito intermedio de tierra, la humacha, que forma compartimentos estancos, cuyo objetivo es, como en el caso de los aspi de la andeneria, retener el agua y proteger la planta.

En los yungas terminales o Montaña abajo, donde el calor aprieta más, entre surco y surco se siembra yuca (mandioca), maíz y cucurbitáceas para que tiendan un "sombrío", un techo vegetal protector de los rayos solares. Cuando el árbol ya sea fuerte podrá desafiar la potencia térmica del inti y el embate de los meteoros.

Si las condiciones climáticas y edáficas son buenas, al año y medio se puede efectuar la primera recolección; en la Sierra Nevada de Santa Marta se efectúa a los dos, y en otras partes, donde muerde el viento frío o falta el agua, hay que esperar a veces hasta cinco años. La primera recolección privilegia el sabor de las hojas: Mama Coca quiso así que sus premisas tuvieran el sentido de un adviento. La natividad indígena es vegetal y sagrada: entusiasma por dentro y santifica por fuera. Esto, que puede parecer una herejía a la sensibilidad cristiana, responde a un simbolismo ritual que los antropólogos y los historiadores de la religión aceptan sin sobresaltos.

Sobre la siembra y los cuidados de la coca en la época del Tiawantinsuyu y en el período colonial existen interesantes documentos, los indios trasegados desde las regiones altas hacia las bajas para hacer los almácigos y trasplantes de la coca sufrían las consecuencias del cambio de ambiente. Las enfermedades tropicales y el nuevo régimen alimenticio hacían estragos entre ellos. Al cabo de un largo y duro proceso de selección y adaptación se perfeccionó una especie de plantadores profesionales, los coca-camayoc. Estos tenían privilegios y disfrutaban de canonjías a cambio de su destierro y residencia en las zonas malsanas. Juan de Matienzo, el oidor de la Real Audiencia de Charcas que escribió en el siglo XVI un libro sobre El gobierno del Perú –publicado por un descendiente suyo en Buenos Aires hacia 1910- [xii] ofrece un vívido relato acerca de los trabajos de estos sufridos guardianes de los cocales, que en ellos vivían, trabajaban y morían, cosechando, secando y empacando las hojas que serían luego remitidas a las tierras altas. En la actualidad en los cultivos de cocales en la selva retrotraen los ejércitos de braceros asalariados, provenientes de otras zonas, a los primeros tiempos de su aparición, en cambio, los habitantes actuales de los yungas y la Montaña están ya adaptados al medio natural y humano desde hace mucho tiempo.

Recolección y preparación de las hojas

La recolección de las hojas de coca se efectúa tres veces por año. La más abundante se cumple entre marzo y abril. Al mes y medio de la extracción de las hojas, una operación llena de cuidados y baquías pertenecientes a un ritual ergonómico que desde el inca Garcilaso de la Vega en adelante se ha comentado con detalles, la planta renueva su equipo foliáceo y por ende clorofiliano. Abril, junio y noviembre son los meses de las sucesivas cosechas y así continúa el vaivén entre la foliación y la desfoliación hasta que la planta agota su capacidad productiva. Esto, según los lugares, sucede entre los quince y los veinte años. El árbol puede sobrevivir hasta el medio siglo y los indios reverencian a los escasísimos ejemplares que han alcanzado la centuria. Antiguamente eran las mujeres y los adolescentes, los cocapalla, quienes se encargaban de sacar la hoja: primero pasaba el diestro batallón femenino, extrayendo las más hermosas y lozanas, destinadas a usos especiales, y luego los muchachos alcanzaban el refugo.

En la actualidad, con el aumento del área sembrada y las urgencias derivadas del otro proceso, el de la fabricación de la cocaína, se contratan inhábiles peonadas para efectuar la recolección. Un cocal de ocho años, la edad de climax productivo de cada planta, rinde por hectárea alrededor de una tonelada de hojas húmedas.

La recolección de las hojas verdes o matu pone fin a la primera parte del trabajo. Ahora es preciso secar las hojas, darles apresto y sazón para que puedan ser consumidas. El inca Garcilaso de la Vega narra la operación que ha permanecido inmutable a lo largo de los siglos: *"Cogida la hoja la secan a sol; no ha de quedar del todo seca, porque pierde mucho el verdor, que es muy estimado y se convierte en polvo, ni ha de quedar con mucha humedad, porque en los cestos donde la echan, para llevarla de una parte a otra, se enmohece y se pudre; han de dejarla en cierto punto, que participe de uno y de otro"*.[xiii]

El secado de la hoja tiene, empero, dos modalidades. En la primera las hojas son depositadas en una superficie recubierta con esteras, o mejor, con lajas de piedra, la matu-cancha (no se olvide que cancha en quechua significa espacio delimitado y cerrado, tal cual sucede con una cancha de futbol). La capa de hojas tiene entre 20 y 30 centímetros de espesor y cada 10 minutos es removida con un palo, este tratamiento dura un solo día. El sol debe ser fuerte y firme. Al cabo de la operación, que demanda una permanente actividad humana, las hojas deshidratadas a medias no han perdido su hermoso color verde ni su elasticidad.

La segunda modalidad, común en algunos sitios de Perú, es el de la coca fermentada. Las hojas son humedecidas o se las pisa, obteniendo por este último procedimiento lo que se llama coca picada. Las hojas mojadas o maceradas se guardan en un galpón y las capas, de 20 o 30 centímetros de altura, se cubren con trozos de lana tejida y se las pisa nuevamente. Una vez fermentada, y al tiempo que el punzante aroma se extiende por todo el entorno, se las expone de nuevo al aire libre hasta que se secan. Las hojas así tratadas tienen un gusto levemente dulzón. Finalizado el tratamiento las hojas se depositan en galpones frescos y bien ventilados. Cuando están a punto se las prensa en fardos que se lían con hojas de banano, de palma o de caña hendida. A partir de entonces comienza la última etapa, o sea la del ascenso a los mercados serranos para su comercialización.

El otro proceso

Esta indagatoria etnobotánica, como se dijo, versa sobre el cocaísmo indígena y no sobre el cocainismo en las sociedades civiles de la edad contemporánea. Pero es preciso decir algo sobre la preparación de la cocaína, el alcaloide que hoy revoluciona y desquicia las estructuras culturales y sociales de nuestro mundo.

El laboratorio clandestino de los primeros tiempos se ha sofisticado mucho en la actualidad. Los narcotraficantes cuentan con buenos equipos de químicos e idóneos que operan con instrumental suficiente y de fácil movilización. Pero la secuencia técnica continúa incambiada.

Trasladémonos ahora a un laboratorio cimarrón, situado en plena manigua. En un local techado con hojas de palma y disimulado convenientemente hay en el piso un recipiente central comunicado con otros cuatro recipientes menores, situados a su alrededor, los cuales, a su vez, se hallan unidos mediante cañerías. La gran paila central está llena de agua con una dilución de ácido sulfúrico al 5 por ciento. Se depositan las hojas de coca en tres de los recipientes satélites y se utiliza el agua del depósito central para recubrirlas con la solución sulfurada. Las hojas son tratadas durante 24 horas. Al cabo de las mismas el líquido es conducido a la paila que había quedado vacía y se le agrega nuevamente ácido sulfúrico puro, en una proporción determinada. Se esperan tres días más y el caldo queda pronto para la segunda fase.

Se trata ahora de sacar el alcaloide de la pasta espesa y nauseabunda. Para ello se emplea una solución de soda al tiempo que aquella es removida durante tres o cuatro horas luego de adicionarse éter de petróleo. El éter se satura con el alcaloide y esta nueva pasta es lavada primeramente con agua pura y luego con una solución de acido sulfúrico al 3 por ciento durante media hora. Finalmente se adiciona otra vez una solución de soda y dicha alquimia infernal queda en reposo alrededor de doce horas. Al cabo de ellas se recoge mediante un filtro la cocaína en bruto. Se la lava con agua corriente abundante, se la exprime y se la hace secar al aire libre. Si la operación ha sido correcta y las hojas tienen buena calidad se obtiene un polvo blanco, esponjoso, apto para iniciar la cruzada hacia los centros de consumo. Allí desencadenará y acrecentará año tras año una tragedia cultural, económica, social y sanitaria que, por no afectarse la masiva legalización del consumo controlado del alcaloide – tan grandes e insospechados son los intereses en juego que lo impiden-, tiene en vilo a la humanidad entera.

Como dato curioso conviene informar que la coca andina se llevó en el año 1854 a las Indias Holandesas. Allí se adaptó a medias la variedad novogranatense, la más rústica y versátil. El objetivo, obviamente, fue medicinal. La cocaína, antes de iniciar su carrera como droga socializada y clandestinizada tuvo, y tiene, aplicaciones terapéuticas. Pero esto ya es otra historia, al margen de la que a nivel etnográfico analiza las culturas tradicionales y de la que a nivel sociológico describe las patologías de nuestra civilización.

Daniel Vidart

Semiótica del coqueo: ceremonia, rito, etiqueta

La coca no es solamente "la" planta sagrada por excelencia del área andina. Constituye una de las dimensiones de lo sagrado, o mejor, un vehículo para acceder al panteón de los dioses. En el zumo que destila del bolo, doblemente sometido a las reacciones químicas desencadenadas por el álcali, que se adiciona en una cuidadosa operación de aliño, y la propia saliva del coquero, navegan cuerpo adentro los entes ordenadores del mundo, cuyos poderes atan y desatan las fuerzas que rigen los cuatro rumbos del Universo.

De tal modo el macrocosmos del espacio y del tiempo es convocado por el microcosmos operativo del mambeo. A lo sagrado se ingresa mediante el puente de lo profano: la comunidad de los hombres, solidariamente organizada, condujo al muiska de ayer (hombre verdadero) y al runa de hoy (hombre indígena) a la promoción del orden externo mediante la armonía interior del grupo. Ello implica un rito operativo, una ceremonia social y una etiqueta jerárquica que se desenvuelven en derredor del coqueo.

Esta es la mitad apolínea de la sociabilidad indígena. La otra, la dionisíaca, fue desencadenada ayer por el consumo de chicha y hoy por el de la cerveza y aguardiente. Kosmos y kaos alternan de tal modo en el ritmo existencial de los ayllu o como quiera que se les llame a las comunidades indias integradas por hombres, mujeres y niños, viejos y jóvenes, mandatarios y subordinados. El coqueo representa la armonía, el entendimiento sapiencial, la claridad del espíritu. El trago inaugura la irrupción de la fiesta, el reino de las máscaras, la francachela de la borrachera. Ambos, alternadamente, son una copia y a la vez un modelo de las creaciones y destrucciones que rigen el pulso cíclico de los seres y las cosas, el vaivén eterno entre el Gran Nacimiento y la Gran Muerte de la vida y el mundo.

Runa y misti: los valores del indio dominado y los del blanco denominador

Los hijos de la cultura de occidente, centrada en la plenitud fáustica de la persona, ya hemos olvidado, y cuando aparece ante nosotros la desestimamos, la arcaica ligazón que vincula nuestra especie con la piedra, el animal y la planta. El logos ha sustituido al mythos. El razonamiento cartesiano, analítico y descendente nos ha enajenado la ascendente y holística convocatoria que otrora nos hacía participes de la plenitud del Universo, encarnada por la vida y la pasión de los dioses. Desacralizados sin remedio por el dinamismo alienador de la ciudad, escenario de la querella social y el ajetreo político, consideramos que el orbe despersonalizado de la ciencia es más importante que el Nosotros de la convivencia y el Yo de la conciencia.

De ahí que la única técnica reconocida como válida sea la que manipula la materia y la energía para multiplicar el mundo de los artefactos que interponen una valla entre la plenitud de la naturaleza y la receptividad de nuestros sentidos. Al mismo tiempo, peritos en el manejo semántico de la razón, estamos abiertos a las palabras o a los conceptos pero cerrados ante los paisajes y su persuasivo telurismo. Somos a la vez los creadores y los sirvientes de la teoría, trepamos por su escala de Jacob para arrebatarles a los ángeles cibernéticos las alas de la abstracción y desdeñamos la antigua fraternidad con los cuatro elementos celebrados por Empédocles con las tangibles vestiduras del cuerpo de las cosas y sobre todo, hemos cerrado a cal y canto la grieta abierta en el flanco de la vida cotidiana –al cabo ni tan opaca ni tan oprobiosa si sabemos privilegiar la gracia del instante fugaz –que nos permitía evadirnos, con o sin alucinógenos, al familiar y a la vez siempre asombroso tiempo- espacio de las hierofanías.

Todo lo anterior -¿y trasnochado?- discurso viene a cuento para que la entrada en el universo mágico y religioso de la coca, solo accesible a los hombres que se sienten confirmados por la comunidad con otros hombres sintientes y creyentes, resulte a mis coetáneos rioplatenses un modo de ser y de hacer, si no experimentable, por lo menos comprensible. El latinoamericano descendiente de europeos que milita en la causa humanitaria de la redención del indígena andino, "pordebajeado" y "ninguneado" sistemáticamente a partir de la Conquista, lo considera solamente como un histórico objeto de explotaciones y sevicias. Esto es cierto, pero además, y sobre todo, este espécimen humano, tan desconocido aún en lo que atañe a sus escalas de valores vitales y existenciales, le metemos los nuestros por dentro y los recubrimos con una ruana- sobrevive, entre otras cosas, gracias a la existencia de la Mamita Cuca, la dispensadora de energía física y anímica, la salvadora de su identidad cultural. El cocainómano contemporáneo, comprometido con la heráldica del poder –pensemos en los yupies-, está desprovisto de la axiología sacral que le concede a los humildes coqueros de los Andes el privilegio de conversar con los dioses, técnicas y ceremonias mediante.

Coca y re-creación del mundo

Este tercer capítulo iba a ser dedicado, según el programa metodológico y secuencial que había trazado en mi mente, a la antropología cultural de "la costumbre". Para entrar en este terreno, no obstante, es necesario desbrozar previamente el camino operativo que lleva hacia sus significados explícitos y sus alusiones implícitas. En efecto, el universo de los contenidos es impensable sin el de las formas. Opté en consecuencia, por dedicar un capítulo preliminar al rito instrumental, a la ceremonia comunitaria, y a la etiqueta jerárquica subyacentes en el acto de mambear o chacchar. Esta práctica del indígena andino singulariza al coqueo que camina o trabaja solitariamente sierra adentro y a la vez concierne al grupo que celebra la ceremonia del hallpay, haciendo un alto en sus tareas para confirmar, y si es necesario, restaurar, la armonía entre el núcleo humano y el entorno que por ser natural –maizales y llamas, quiscos y cóndores, quebradas retumbantes y estrellas congeladas, paisajes de piedra y nubes altísimas- es a la vez divino.

En la retaguardia de las ceremonias unipersonales y sociales se agazapan los símbolos. El acto de coquear concita dos principios genéricos: el femenino de la hoja y el masculino del álcali que se adiciona. Y detrás de ellos hay muchos otros venidos desde el fondo de la prehistoria, a partir de aquellas figulinas de arcilla que representan a coqueros extáticos, empuñando con ambas manos un falo gigantesco, que al cabo termina por representar el Árbol del Centro, el Eje de la Vida. El consumo de hojas de coca concede vigor sexual, supone un principio fecundador y renovador, una fuerza que insemina el vientre entero de la creación, periódicamente sujeta a la fatiga, la decadencia y el deceso. La coca contribuye así a la gestación de nuevos hijos y nuevos mundos.

La cocaína y la mateina: dos alcaloides dinamógenos

Una vez tratadas en las haciendas las hojas de coca son llevadas a los mercados indígenas, donde se exhiben formando simétricos montones recubiertos, según una tácita convención ancestral, por verdes tolderías. Allí, y en su carácter de artículo suntuario, las adquieren los coqueros, cuyo número se calcula entre cinco y seis millones de adictos. El coqueo es cosa viril; la mujer esta generalmente excluida del mambeo como práctica a tiempo completo aunque en algunas comarcas interviene en la ceremonia del hallpay, la cual, como se verá, tiene un sentido tal de afirmación y armonía comunitaria que no puede dejar afuera a ningún miembro de la familia indígena, mancomunada con el espacio terrestre que la rodea y el tiempo que la vincula con los ancestros.

Además de estar reservado fundamentalmente al hombre, el coqueo es la práctica que le da el tono preciso a todos los actos de la vida. Mores o costumbres son para nosotros aquellas conductas sociales consagradas por la tradición y el continuo ejercicio de las mismas: usus inveteratus et opinio necesitasis, como decían los romanos. En el mundo andino la costumbre por antonomasia es el coqueo. Así se le llama, sin más; la "costumbre". El conjunto de las otras pautas culturales esta sobreentendido en el acto de coquear, es decir, de ser, de vivir y convivir entre los runa, los hombres de la tierra. La "costumbre" es, en sí y por sí, el cuerpo entero de costumbres, el código de etiqueta, la síntesis de los ritos, el vínculo inmemorial entre las criaturas sujetas al dolor y a la muerte y las entidades espirituales que están más allá de las contingencias y los límites humanos.

En el Rio de la Plata se tiene una idea muy vaga acerca de las técnicas que caracterizan el rito del coqueo, por otra parte tan semejante, en lo que tiene que ver con la pura maniobra operativa, al mentado arte de cebar mate. Bombilla y poro significaban para el indígena guaraní, un ayuntamiento sagrado, del cual se ha perdido en la memoria. Hemos conservado la cáscara pero olvidamos la carnadura del rito.

Sólo nos preocupan las reglas previas, cosa de conocedores pero no ya de hechiceros, mediante las cuales se "cura" la calabacilla cimarrona, se introduce la yerba en el oloroso vientre de la galleta o del poro, se hace hinchar la carga con una administración sabia del agua a distintas temperaturas y en distintos momentos, se implanta la bombilla –toda una pericia- y luego se le ceba con prolijidad y esmero, para que el copete ciña su golilla de espuma en derredor del fino cuello de metal y el sabor crezca desde dentro como un regalo a la baquía. Al igual que el indígena a su cuquita nosotros los rioplatenses nos hemos aficionado a otro alcaloide, la mateína y ninguno peca o delinque por su adición al mateo. Al contrario, se loa el uso socializante del mate, se le describe como una forma recursiva de luchar contra la entropía, se le considera como un complejo cultural, no exento, en ciertos círculos, de connotación política y, por añadidura, se despliega toda una teoría literaria y aún metafísica para encomiarlo como un rasgo sobresaliente de nuestra identidad cultural. Por eso resulta grotesco que si alguien viene del área andina y trae consigo hojas de coca seca, compradas en la farmacia, propias para preparar una tisana, un inofensivo "te de yuyos", sea duramente penados por la justicia rioplatense. Y mientras se alaba el mate, el té o el chocolate, portadores de alcaloides, el pobre indio cordillerano se le enrostra su "degeneración" racial, su haraganería derivada del mambeo y su cretinismo olvidando que es la carencia de sales minerales en la alimentación y no el consumo de coca lo que fabrica imbéciles y cotudos.

Al mismo tiempo se quiere acabar con sus sembrados y su diaria comunión con el mundo circundante en nombre de la lucha contra el cocainismo, vicio de la civilización del desperdicio y no de la tradición sagrada del coqueo. Es en los mercados de la drogadicción estadounidense y europea donde se debe perseguir y penalizar a los traficantes caseros y a sus encubridores políticos, en vez de pedir —y practicar, napalm mediante- la destrucción de los cocales que el indígena andino siembra y cosecha ayudado por los mismos dioses para sacrificar luego sus primicias a la misericordia y omnipotencia de aquellos.

Técnicas del mambeo

El coqueo se practica dentro de un marco de ritos muy precisos. La terminología de los ingredientes e instrumentos auxiliares varía según los idiomas indígenas utilizados: en quechua se llama chacchar o picchar, en aymara acullicar y en macrochibcha mambear.

Estas denominaciones no se refieren a la succión del bolo de hojas que, acomodado entre la mucosa interior de la mejilla y los premolares, forma una típica protuberancia en el rostro del indio, sino al proceso de preparación y mezcla de los dos ingredientes que darán lugar a la extracción oral del alcaloide. Dichos materiales son por un lado las hojas que se introducen parsimoniosamente en la boca, arrollándolas y acondicionándolas con la lengua, sin masticarlas, como comúnmente se cree, y por otro una sustancia alcalina de muy diversa naturaleza.

La ceremonia del mambeo (simplifico el nomenclátor utilizando la denominación colombiana) está emparentada con las que se practican en derredor del té en Japón, de la hoja del betel en Indonesia, que con las sustancia alcalina agregada forma el buyo, semejante al mambe- y del mate de la cultura guaranítica de la cual los aficionados criollos al ilex paraquariensis han heredado algunas pautas, amén de haberlas agregado a otras, las maniobras rituales tiene que ver con los posteriores efectos energo y psicotónicos, atribuidos a la intervención de potencias superhumanas. De ahí el cuidadoso proceso, regido por la tradición y sometido a reglas que la comunidad enseña a quienes de tal modo apela a las entidades sagradas subyacentes en el mundo vegetal y mineral.

Daniel Vidart

La chuspa, o lo femenino

Las hojas de coca están depositadas en un receptáculo especial y las sustancias alcalinas en otro. El recipiente que contiene las hojas de coca frescas, elásticas, olorosas, recién adquiridas en el mercado –a los siete meses la hoja pierde todas sus propiedades-, esta tejido con lana o fabricado con un cuero suave y flexible. Este bolso, que se denomina huallquii, estalla, shuti o chuspa, según las comarcas tiene vivos colores y flecos abundantes. La connotación sexual es clara; chuspa en quechua, en sentido lato, significa a la vez bolsa y sexo femenino, aunque yo sospecho que en este caso el significado último apunta a la matriz y no a la vagina o a la vulva.

En cada bolso se cargan entre 150 y 200 gramos de hojas elegidas de antemano por su calidad y apresto. El coquero las saca una por una de la chuspa y con una delicadeza de la cual parecerían estar privados aquellos toscos dedos, curtidos por siete oficios, les corta los duros pecíolos. Mientras cumple con ésta operación las acaricia con reverencia y ternura y, antes de introducirlas a la boca, las coloca entre ambas manos, cerrándolas luego en actitud de plegaria. Así guardadas efectúa una invocación mántica, de transparente estructura sincrética: "Santa María, mamita cuquita, avísame...". De tal modo le pregunta a la santísima virgen y a la Mama Coca, que al cabo son lo mismo, acerca de lo que le podrá suceder en un futuro inmediato, y, de paso, está sobreentendido, conjura los peligros del camino, del trabajo, de la vida en torno.

Luego abre las manos y según la disposición de las hojas en las palmas lee lo que allí está dicho. En ocasiones se anuncia en voz alta lo expresado por las hojas, aunque la

52

mayoría de las veces se calla y se procede de inmediato a la introducción de aquellas hojas a la boca, una por una, o en montoncitos de dos o tres. Las hojas, como ya aclaré, no se mascan. Cada una de ellas es sometida a un delicado mordisqueo y de inmediato son empujadas con la lengua, bien empapada por la saliva, al bolo que será tratado de inmediato para darle gusto y para que se produzca la reacción química a raíz de la cual es liberada la cocaína y transformada en ecognina por acción del álcali contenido en una sustancia llamada llipta yista, llucta o toccra.

El poporo, o lo masculino

Esta otra operación se realiza con los ingredientes de origen animal, vegetal o mineral que desde muy temprano –veinte siglos antes de nuestra era- los indígenas utilizaron para obtener el casamiento entre el principio macho y el principio hembra, lo cual engendra a su vez los efectos fisiológicos y psíquicos del mambeo. El contenido de la chuspa representa el hemisferio femenino y el contenido del poporo el hemisferio masculino. Ambos, dialécticamente unidos, constituyen el mundo material del coqueo.

Los procedimientos para obtener la sustancia alcalina son múltiples y a veces muy complejos y refinados. En la Sierra Nevada de Santa Marta, por ejemplo, se utilizan conchas de moluscos marinos o terrestres calcinadas y molidas. En Nariño y el Cauca, estoy hablando de Colombia, mi otra patria, se calcina la piedra caliza y una vez apaciguada la agresividad de la cal viva se disuelve el mineral obtenido en agua de panela (la panela proviene del azúcar de caña y es semejante a la rapadura brasileña). Al líquido así obtenido se le adicionan ají bien machacado y cenizas hasta que adquiere consistencia pastosa.

Cuando se enfría y endurece esta sustancia se la troza y los pequeños bloques, envueltos en hojas de plátanos (bananos), son enterrados para que la madre tierra sazone al gusto de la yista y le trasfiera sus propiedades mágicas. En su momento estos bloques serán trozados más finamente y guardados en otro recipiente al que me referiré luego. En otros lugares se utiliza la ceniza de la chilca, de algunas cactáceas y, sobre todo, de la quinoa, el cereal andino de mayor potencia alimenticia de cuantos se conocen. En este caso, como sucede en ciertas comarcas del Perú, se adiciona a las cenizas agua y a veces el orín brotando de un pene (el simbolismo es obvio) para fabricar una galleta que se pone a secar al sol hasta que endurece. Finalmente, cuando no hay otros materiales a mano, se utilizan huesos molidos, marlos de choclo o madera del tronco de la coca previamente tratados y pulverizados, y los indios campa de la Montaña peruana (repito que la montaña es el piedemonte andino que se abre a la cuenca amazónica, recubierta por la hylea) mezclan las hojas de coca con las cortezas de ciertas lianas, lo cual da origen a un narcótico muy potente.

En otras partes se prepara la yista con cenizas de jume y cachiyuyo, a las cuales se les amasa con papas hervidas para obtener un puré grisáceo al que se le adiciona sal como si fuera una comida. Y, amazonia adentro, donde las hojas de coca se desecan al calor del fuego hasta que se trizan y pulverizan, mediante un proceso herético que espantaría a los indios cordilleranos pues de tal modo se asesina a la Mamita cuquita, se le agrega niopo, un alucinógeno de los bravos, o nicotina, otro alcaloide violentísimo, al mezclarse con alguno de los otros de la coca acimarronada produce efectos psíquicos y fisiológicos distintos a los operados en el área andina.

Sea cual fuere el procedimiento para obtener esta materia alcalina, la misma va guardada en otro recipiente y da lugar a un complejo ceremonial con claras alusiones sexuales.

Dicho recipiente recibe distintos nombres y está fabricado con muy diversos materiales. En quechua se le denomina ishkupuru, es decir, puru – en nuestro Rio de la Plata se dice poro y a la voz llegó con los carreteros que en el siglo XVIII iban al Alto Perú-, para guardar el ishku, o sea la cal. En algunos casos se trata propiamente de un mate, la vulgar calabacilla que nosotros por demás conocemos. En Colombia, variando apenas el vocablo, se dice poporo. Los testimonios arqueológicos enseñan ejemplares hechos de oro, como los bellísimos poporos precolombinos de origen quimbaya coronados por cuatro simétricos y turgentes testículos estilizados, prueba del vigor sexual allí escondido. Antiguas piezas ecuatorianas de las culturas de Carchi y Esmeraldas muestran poporos de cerámica, algunos con un mango figurando un pene. Otros son recipientes abiertos, y por lo tanto no portátiles, utilizados sin duda en las ceremonias del mambeo en común, llevado a cabo por un grupo de coqueros sedentes dispuestos en círculos alrededor de la llipta, como hoy sucede en el hallpay o chacchapaya.

Una vez formado el bolo en la boca, el indígena le adiciona de a poco la llipta. Paladeando y succionando cada vez, hasta que el mambe adquiere la consistencia y el gusto requeridos. Para ello utiliza un chupadero, una pieza delgada que se introduce en el poporo luego de haber humedecido el extremo con saliva. Se trata de la shipina o shipiro, llamado también calero o caleador, que puede ser de madera o de hueso de pata de garza o de jaguar. Esta operación es también de clara connotación sexual. El chupadero simboliza el pene y los kogi de la Sierra Nevada de Santa Marta afirman que la introducción en el estrecho orificio del poporo representa el coito.

Se calcula que un coqueo andino consume entre 20 y 100 gramos diarios de hojas secas. Cada mambeo dura unas dos horas. Al cabo de ese tiempo, ya el bolo se ha convertido en una desvaída sustancia estopajosa y debe ser renovado. Si el indio lleva una escasa provisión de hojas puede agregar unas pocas más y acompañarlas con una pizca de cal o ceniza. Eso se llama en ciertas zonas de los Andes yapar el acullico. Pero cuando están definitivamente agotados el contenido el contenido energético y el sabor del mambe, hay que deshacerse del mismo. No se escupe, no se arroja en cualquier parte. Se extrae suavemente de la boca y se le deposita en algún lugar en donde se pueda ser hollado. Es un don de los dioses que ahora se convierte en una exhausta ofrenda a los mismos y como tal debe ser tratada.

En el próximo capítulo trataré acerca de la química de la coca y sus efectos dinamógenos, anoréxicos y psicodélicos. Hoy quiero terminar, para no extenderme demasiado, citando la ceremonia del coqueo comunitario, sujeto a rígidas normas, dado que constituye un bello ceremonial de confraternidad horizontal y democrática entre los hombres y de vinculación vertical del género humano con los poderes sobrehumanos. En definitiva, el cosmos se ordena si hay orden en la comunidad.

Recordemos que kosmos, entre los griegos, era armonía, claridad, belleza. Brotaba de la proyección de la estructura organizada de la polis a la plenitud uránica del cielo estrellado y también el cuerpo sintiente y animado de la Gea.

El principio del orden de la humanidad indígena andina que coquea para que las cosas sigan como están y hay equilibrio en el universo se halla encarnado en el hallpay. Este es un término quechua, pero su sentido se extiende por igual a todas las comunidades andinas que acullican, chacchan o mambean coca desde Colombia al noroeste de la Argentina, saltando por encima de la vertebra rota del Ecuador, país que por carecer de coqueros no por ello su población indígena deja de padecer hambre y miseria.

La ceremonia solemne de la chacchapada

Los principios de macho-hembra que se definen en la pareja chuspa-coca y poporo-llipta, evidentes en el mambeo unipersonal, se neutralizan durante la ceremonia de la chacchapada, llamada en otras comarcas hallpay o halmay. Las oposiciones semióticamente significantes (hombre-mujer, viejo-joven, jefe-subordinado) se subsumen en la unidad primaria y arquetípica de la comunidad de mambeadores. Así como en el idioma chino al chaman se le denomina yin-yang, pues es la conciliación de los contrarios al chacchapada de los indígenas andinos, reunidos por la hermandad del coqueo, generadora del sentido fraternal del nosotros que se refuerza con la euforia y la gracia de comulgar juntos al pie de las divinidades locales (los dioses pagos dirían los romanos), supone también una especie de ejercicio chamánico colectivo. En un estado especial de espíritu los mambeadores vuelan hacia el futuro, preguntan por lo que vendrá en el trajín de los trabajos y los días, ordenan sus tareas, delinean sus proyectos societarios —las mingas por ejemplo- y en todo momento experimentan muy vivamente su vinculación colectiva con los paisajes humanizados, los ancestros y los poderes del más allá. Todo ello se dibuja sobre una estameña de rígida etiqueta, de ceremonias secuenciales, de ritos específicos. En el centro de toda esta actividad anímica, que se establece durante las pausas del trabajo varias veces por día, se halla el consumo de hojas de coca. Se trata, en definitiva, de la fundación cotidiana del Cosmos y de su necesaria lubricación mediante el buen funcionamiento de la comunidad. Ya no es oportuno describir la ceremonia propiamente dicha ni señalar sus resonancias profundas sobre la solidaridad de las relaciones humanas y la eticidad de la cultura. Con su descripción e interpretación iniciaré mi próximo capítulo que entonces si se denominara Soma, Psiquis, Cosmos. Anticipo que cambiaré la perspectiva factorial, hasta ahora utilizada comúnmente, por una consideración de campo, sistémica y holística, del cocaísmo, centrando el objeto de la comunidad como un todo y no ya en la subjetividad e ideología del investigador, que propone una atomística individuación de lo investigado. Se trata de la metodología democéntrica que estudia dramática y científicamente a la comunidad como un todo. De tal forma se reemplaza con grandes ventajas a la metodología reduccionista, que clava a los objetos estudiados en un cartón, como insectos disecados con su respectiva etiqueta, en vez de integrarlos en su carácter de coherentes grupos humanos al medio natural, al paisaje materno, al marco sociocultural, a la raíz histórica de la comunidad, a la dialéctica dominador-dominado o, más específicamente, colonizador-colonizado. Solo así será posible, partiendo del todo, entender a la parte y a sus relaciones sociales, que no son tan solo de producción pues las hay también de gratificación con las otras partes. Si no se obra de tal modo estamos condenados a ignorar o trastocar las reglas del juego que rigen al universo valorativo y simbólico del indígena andino en particular y del americano en general.

Daniel Vidart

Soma, psiquis, cosmos

El indio andino coquea porque así afirma su identidad de hijo y a la vez dueño de la tierra que el español le arrebatara ayer y el terrateniente criollo le retacea hoy. Ser indio es ser coquero: mambeando, acullicando, cacchando, que todo es la misma cosa, que se desafía silenciosamente y obstinadamente a los señores contemporáneos descendientes de los antiguos encomenderos y los aún más viejos conquistadores. Los efectos energéticos y psicotónicos que se desencadenan en el cuerpo y en la mente del coquero; el uso medicinal, mágico, mántico de la coca; su utilización económica en el vaivén de las recíprocas prestaciones sociales, es decir, todos los factores aislados, pierden importancia ante el holismo cultural del sistema.

El coqueo es un asunto heráldico, iniciático y ritual a la vez. Confirma el ceremonial del Nosotros. Califica y adscribe a la formalidad de la etiqueta las escalas del status y los rangos del prestigio. Define y confirma los valores de la comunidad, integra jerárquicamente los indígenas a la misma, relaciona al hombre lugareño con los dioses locales y les concede sentido al espacio y continuidad sagrada al tiempo, ámbito de las divinidades que cíclicamente construyen y destruyen al mundo. En tal sentido el antropólogo peruano Javier Zorrilla ha dicho que chacchar

60

la coca significa *"ingresar y experimentar, exterior e interiormente, el espacio-tiempo mítico y primordial de los dioses, los héroes culturales y los antepasados. La coca sacraliza el presente"*.

Esto debe quedar claro. No hay un viaje a la otra realidad cundo se consume coca en la rueda del hallpay o la chacchapada. Hay sí, reencuentro con la única realidad posible, o sea la que junta en un solo haz a la comunidad humana, el paisaje materno y el milenario cabildo de las potencias sobrehumanas.

En éste capítulo procuraré demostrar, o por lo menos mostrar que sin el marco social, el entorno cultural y la sinergia mágico-religiosa que le dan sentido, que le agregan pompa a la circunstancia, el acto de mambear se disolvería en las aguas de una trivialidad folclórica sin consecuencias.

El orden y el decoro del cosmos

La ceremonia del hallpay o de la chacchapada, nombrada pero no descrita ni interpretada en el anterior capítulo, se repite con otros nombres a lo largo de los Andes, desde los altos miradores donde se medran los arhuacos de la Sierra Nevada de Santa Marta, regidos por la figura mágico-religiosa del mamma, hasta los distintos grupos indígenas de Perú, Bolivia y el noroeste argentino, el desolado escenario de La deuda interna, un filme que mostró a los urbícolas portuarios la vida y pasión de los actuales indios puneños.

Desde el punto de vista semántico el hallpay nomina el acto socio-religioso, mientras la chacchapada se refiere a los aspectos rituales de la preparación del bolo y su chaccheo colectivo. Son las dos caras de una misma moneda ceremonial: confirman la armonía del mundo mediante el buen funcionamiento de la comunidad y la serena afirmación de la persona humana, corroborada por la presencia coloquial de sus semejantes. No hay transacción posible con el ambiente –entendiendo por tal el sistema de los medios naturales, sociales y técnicos- sin los recíprocos interlocutores del grupo, y la única vía posible para que hombre, circunstancia y circundancia formen un todo significativo, es la proporcionada por la práctica conjunta del coqueo.

El coqueo colectivo se efectúa varias veces durante la jornada: dos veces por la mañana y dos o tres por la tarde. El grupo dedicado al trabajo agrícola o al cuidado de los auquénidos nativos y los ovinos traídos por el colonizador, compuesto por mayores y niños, por hombre y mujeres, por jefes de la comunidad y por comuneros, procura hacer periódicos altos en sus tareas para sentarse en círculo y coquear.

El sentido de la improba labor vincit, postulado por la cultura occidental y cristiana, no funciona con los runas, esto es, los indígenas que hablan quechua. Trabajo y descanso se alternan. Por eso los de afuera, los que no entienden el significado sacral del ir y venir entre el trabajo y el descanso, dicen que el indio es sobón, haragán, inconsecuente. No comprenden que se trabaja para alimentar el cuerpo y se coquea para reforzar los vínculos entre los hombres y a la vez entregar esta afirmación solidaria del espíritu grupal a la complacencia de las entidades que vigilan la buena marcha de la naturaleza y de las sociedades humanas. Trabajo y ocio ritual se alternan para que la vida tenga equilibrio y sentido, para confirmar la fraternidad entre la humanidad y el cosmos, cuyo destino conjunto es el de subir y descender las cuestas de sus periodos orgánicos y sus periodos críticos.

Hallpakusunchis

Vayamos ahora al rito, a la ceremonia y a la etiqueta del coqueo en comunidad. Los hombres extraen tres hojas de coca de su chuspa y lo mismo hacen las mujeres de su unkuna –no olvidemos la connotación sexual del nombre del recipiente- y las juntan cuidadosamente por sus pecíolos, encimándolas. Esta operación debe ser practicada con los dedos pulgar e índice. El k'intu, que así se llama el montoncito, es una ofrenda a los dioses, y su nombre quizá derive del quinto que otrora la mano larga de la corona, impusiera a la extracción del oro y la plata. He aquí uno de los penumbrosos rincones de la aculturación lingüística: el indio aclimató tempranamente múltiples voces del español, y los colonizadores y sus descendientes hicieron lo mismo con las voces indígenas. Los rioplatenses, por ejemplo, al parecer tan lejanos del área cultural andina, manejábamos términos quechuas como si fueran nuestros: zapallo, cachucha, changa, cucha, pucho, cuzco, cancha, poncho, chuza, chumbo, quincha, tranca, sucucho, tiento, payana, ñato, pilcha, marlo, lechiguana, chicote, yapa, cachila, achura, coyunda, son algunos pocos ejemplos de un caudaloso préstamo lingüístico.

Volviendo al coqueo en común – siempre las digresiones nos obligan al eterno retorno, propio de los dioses distraídos y los hombres puntillosos-, digamos que el cocakintus, antes de introducirse en la boca, es tratado de especial manera. No se trata ya del coquero solitario que pone las hojas entre las manos y luego las abre para leer en ellas el inmediato destino. Esta ceremonia social es religiosa y no mántica. La religión humilla a las criaturas al pie del panteón divino; la mántica mediante signos u anticipos debidamente interpretados, anuncia lo que vendrá. El hado, el fatum, es más potente aún que la voluntad de las divinidades. Esta por sobre la esperanza de los hombres y el poder de los dioses. Significa, al estilo de moiras griego, lo inevitable, lo que está escrito en el libro de la fatalidad y gobierna el flujo de las cosas.

El mecanismo rural del coqueo colectivo es, como se indicó, de carácter religioso; el runa sopla el pequeño haz de hojas, colocando reverentemente ante sus labios e invoca a los dioses pagos, a las divinidades locales. Esto se denomina hacer pukuy, es decir, soplar la coca. "Hacia mi soplaras tu k'intus" dice y repite la voz de la Pachamama desde la profundidad de los milenios. Quien inicia la ceremonia, es decir el maestro, el guía, el rucu (viejo), el apu (jefe), como sucede a lo largo del gran anillo de rituales dirigidos por especialistas en lo sagrado que cierne al planeta, hace pukuy con su cocakintus y lo introduce en su boca. Antes de agregarle la llipta para someter el bolo a la acción alcalina que desprenderá los alcaloides – el nombre de estos es químicamente diciente, por cierto- le ofrece a quien lo sigue en rango jerárquico un cocakintus a la voz de "gustemos unidos de la coca" (hallpakusunchis). Este interlocutor ritual acepta el don y se lo ofrece a otro miembro del grupo, y así se hace la ronda, sirviéndose primero a los jefes comunales o familiares allí presentes. Se sigue luego con los viejos sabios y por orden jerárquico, se continúa con los hombres, las mujeres y los niños. La reciprocidad ata los lazos grupales con un vínculo divino. La coca ofrecida y aceptada de ese modo equivale a la t'anta, o sea la hostia cristiana. Chacchar es comulgar con Dios. La similitud con nuestra liturgia es transparente y pone de manifiesto, por añadidura, los isomorfismos que atraviesan, como un hilo a las cuentas de un collar, el cuerpo místico de las religiones.

Cuando se generaliza el chaccheo, que se cumple según un sosegado ritmo de succiones llevadas a cabo sin pausa y sin prisa, la paz y la bienandanza descienden sobre el humilde círculo de indios. Se sienten consustanciados entre sí y con el entorno. La energía de la coca los hace fuertes los hermana y alienta. Enjuga los viejos dolores, concede ánimos para seguir desafiando los elementos de un medio natural abusivo, desmesurado, y las más caprichosas y terribles inclemencias del medio civil y militar que los agobia: propietarios arrogantes, gamonales despiadados, autoridades despóticas, comerciantes inicuos. Por el coqueo se sienten integrados a un círculo espiritual invencible, defendidos por el arrecife de la mutua filantropía, protegidos por los antepasados, resguardados por la salvífica valla de los antiguos entes sobrenaturales.

Cuando se hace pukuy en la ronda de la chacchapada cada indio practica dos tipos de operaciones. Por un lado están las ceremonias intragrupales definidas por el intercambio de frases de invitación y de reconocimiento al tiempo de ofrecer y aceptar los k'intus. Por el otro aparecen las sucesivas invocaciones rituales, según un orden espacial concéntrico, a la Madre Tierra que se halla bajo sus pies, a los cerros guardianes del contorno, a los imponentes nevados de la lejanía que coronan, como altas y congeladas espumas, el oleaje inmóvil de la cordillera. Allí, en medio de esos hitos familiares, ordenadores de los cuatro rumbos

- no olvidar la tetrapartición del mundo que otrora nominara a las provincias del Tiawantinsuyu-, concediéndole sentido al espacio y calidad temporal a la duración de los viajes, gira solemnemente la ronda de unos dioses consustanciados con la propia tierra: lo telúrico y lo sagrado son una misma cosa. La Pachatira Mama, principio femenino de todo cuanto se toca, se mira, se vuele y se oye en el mundo circundante, diosa omnipresente y a la vez invisible, está acompañada por las deidades masculinas de los cerros cercanos (tirakuna) y los altos picos eternamente blancos (aukikuna). En este contorno viven para siempre los Machu, los antepasados que corroboran y aseguran la permanencia del ayllu, la comunidad viva de los hombres. Y envolviendo esa continuidad de muertos y vivientes, oficiando de ojos y manos de la Pachamama, deliberan los runa michiq, los conductores y guardianes de los hombres. Ellos conforman el ordenado ejército de apus, los genios tutelares que regulan los meteoros atmósfericos, que velan por la alimentación de los animales, que mantienen la buena salud de los runa. El hallpay pone en marcha varias veces al día este imprescindible contrapunto entre las realidades terrenales y los espíritus protectores. Pero también acompasa los ritmos de la corta duración, como diría Braudel, los cuales aseguran las constantes de la larga duración. Coquear entre faena y faena, detener el trabajo productivo y planear durante el breve ocio, colmado de afectividad y unción, el trabajo que vendrá, equivale a concederle dirección al tiempo, haciendo volar su flecha con el arco del hallpay. Ese pequeño tiempo del trabajo-descanso confirma el gran tiempo de las creaciones, destrucciones y regeneraciones del incansable devenir cíclico del cosmos y la vida. Los mundos se suceden y se excluyen. La llegada de los siempre rememorados Incas inauguró uno, flamante y dadivoso, enterrando en sus tinieblas el mundo anterior, forjado por Machus, el genio de la oscuridad informe, limbo de lo humano ya que no caos primordial. Los misti llegaron luego y sepultaron el mundo de los incas. Los ciclos clausurados se van a las profundidades de la tierra. No mueren del todo. El soterrado latido de su antiguo esplendor se percibe aún en la superficie. Y es por medio del coqueo que los hombres pueden evocarlos, desplegarlos ante la imaginación y rendirles su reverencia.

Por fuera de ese desfile alterno de contornos familiares y entidades trascendentes, el hallpay sirve de vehículo a las invocaciones sanchopancescas del campesino: que llueva pronto, que el sara muruchu (el maíz duro, y de ahí la dureza, una de las cualidades de los morochos del orbe indoamericano) no se apeste, que la aparición de las llamas y las ovejas sea buena, que haya salud y comida en el ayllu. El ayllu, la comunidad humana, está íntimamente vinculado con el paisaje terrestre y los tirakuna que lo habitan. Coquear en conjunto significa rogar por la prosperidad material del grupo familiar y vecinal, confirmar las buenas relaciones con las divinidades mayores y menores. Eso proporciona contentamiento, concede confianza en la fortaleza moral del ayllu y en la íntima afirmación de uno mismo, solamente posible si existe un piso humano que la sostenga y un pecho divino que la proteja.

Esta sorprendente complejidad del coqueo, que copia la del alma indígena, solo se puede atrapar desde el interior de la comunidad. Visto desde la orilla de los dominadores y sus laderos, el indio aparece como un ser desconfiado, silencioso, huidizo. Sus rasgos de elusiva malicia, trasunto de las actitudes defensivas que lo ponen a salvo de la lógica y la ética del blanco señorial y del mestizo ambiguo, desaparecen cuando se le contempla desde adentro del grupo. Entonces es confidente, conversador, bromista, abierto, risueño. Su rostro se anima, sus ademanes se desenvaran, participa alegre y comedidamente en la tarea comunal, asiste al semejante, despliega un brillante repertorio de buenos modales. Se transforma, de hosco y distante como parecía, en un hombre integral e integrado, solícito con la naturaleza circundante, ducho y franco en el manejo de la camaradería con sus verdaderos prójimos, los runa. Con ellos y por ellos trabaja, ama , llora, ríe y coquea intermitentemente, mientras la vida pasa y las montañas, guardianas de las cosas y los seres vivientes, permanecen en sus puestos y persisten en su maciza e inmemorial presencia, negación telúrica del minuto fugaz.

Medicina y mantica de la coca

A partir de un armónico sistema de prestaciones humanas en el ajetreo laboral –cuyos mecanismos no describo- se perfeccionan las relaciones de la comunidad indígena con el espíritu de los antepasados y las divinidades protectoras. Ubicados en dicho contexto los usos complentarios y vicarios de la coca se explican sin dificultad.

La coca sirve para predecir el porvenir. Los chamanes o yatiris y los curanderos, cuyas funciones son intercambiables, utilizan las hojas de la coca para revelar hechos del pasado y anticipar lo que vendrá. Este tipo de manipulaciones con hojas que contienen alcaloides es practicado en muchas culturas. La "lectura" del destino mediante la disposición de las hojas del té en la taza, propia de los japoneses, responde a dicho principio.

En el caso de la adivinación andina el especialista coloca las hojas en una pieza cuadrangular de lana tejida y vivamente coloreada que en aymara se denomina cocatari y en quechua unkuna. Pliega y mueve la pieza, y cuando la abre descubre, según la disposición de las hojas con respecto a un punto clave y la configuración de aquellas, lo que la suerte reserva al consultante. Las hojas quebradas o arrugadas significan desgracias; las trizadas y sin color, enfermedades; las aguzadas, viajes; las muy verdes y brillantes, nacimientos. Del mismo modo se especifica la enfermedad que aqueja la consultante. Debe entenderse que la manipulación está entretejida por un dialogo entre el yatiri y el interesado; el chaman-curandero atisba el rostro del consultante, interpreta las medias palabras, rumbea por el lado de sus deseos y sus temores.

La coca es el telón de fondo sobre el cual el ojo clínico del mántico, mitad empíria y mitad profecía, descubre al cabo las raíces de la pregunta, o aconseja abstenciones y actividades según lo traslucido por las ansiedades o reticencias del cliente. Más que en las hojas lee en las almas o los cuerpos, y no de otro modo procedieron los chamanes de Delfos o las Sibilas clásicas. En el tono de la pregunta, en el continente del demandante, en la propia información obtenida por el chaman, se abre paso el tenor de la respuesta, hojitas de la Mama Coca mediante. La interrelación dialéctica con quien maneja la mántica y quien interroga a los hados es muy antigua en el mundo andino. El médico o collasiri de la zona aymara de Tiawanaku, quien colinda con el paco o mago y con el yatiri o chamán, utiliza la coca en todas sus operaciones. El coquero singular, fondeado en su intimidad pobladas por muchas dudas y algunas certidumbres, también recorre a las hojas para adivinar lo que le deparan el espacio y el tiempo generados a lo largo del camino, que se hace espaciosidad al recorrerlo, y la marcha, que se convierte en temporalidad al efectuarla.

Del mismo modo la coca es medicina, panacea, salutífero don de los dioses. Garcilaso de la Vega, mestizo hispanizado, contaba que los médicos incaicos usaban de ella *"hecha polvo para atajar y aplacar la hinchazón y las llagas; para fortalecer los huesos quebrados, para sacar el frío del cuerpo o para impedir que entre, para sanar las llagas podridas, llenas de gusanos* [xiv] *"*. Bernabé Cobo afirmaba por su parte que *"mascada de ordinario, aparta de los dientes toda corrupción y neguijón, y los emblanquea, aprieta y conforta"*.[xv] Hipólito Ruiz, un siglo después advierte que la coca es diurética, anti neurálgica y el mejor remedio para la gota.[xvi] Hipólito Unanue [xvii], además de elogiar sus propiedades dinamógenas, a las que me referiré luego, la recomendaba a los europeos para rejuvenecer a los ancianos[xviii]. Paolo Mantegaza la señala a sus colegas del Viejo Mundo para su utilización en el tratamiento de la histeria y la erradicación de la melancolía[xix].

Al margen de las menciones y recomendaciones de éstos conocidos personajes, provenientes de otro ámbito cultural que el indígena, el uso curativo de la coca como medicina tradicional tiene una latitud inmensa. Por donde quiera que vaya el viajero atento, a pie o jinete de un burro, pues quien viaja en automóvil o en ferrocarril ve postales y no paisajes humanizados, se encontrará con viejecitos diestros en la correcta administración de múltiples remedios líquidos, sólidos y pastosos hechos a partir de la coca.

Las heridas se curan con tintura de coca, la infusión suave es buena para el enfriamiento y la muy cargada contra la diarrea, los cataplasmas con hojas de coca mojadas con agua alivian el reumatismo y las de hojas mascadas, a las que se suma cal y alcohol, sirven para aplacar los desgarramientos y luxaciones. Y tras de estos usos vienen los destinados a curar las ulceras estomacales, a terminar con el dolor de muelas, a cortar la acidez de las digestiones, a coagular la sangre, a vencer la impotencia sexual masculina. De la medicina se pasa a la magia, y con ella se tratan el tinco provocado por el encuentro con un alma en pena, el huari que brota de las ruinas antiguas, el puquio que la profanación de una fuente de agua impone al profanador, el japipo de los que duermen en lugares interdictos, donde la fuerza de la Pachamama es maléfica. En todas estas curaciones indirectas la coca se emplea para "dar de comer" a las almas o a los lugares, y la curación es en parte hija del ensalmo y en parte de la fe que el paciente deposita en la destreza del chamán.

Química y termodinámica de la coca

Hasta ahora me he referido al sistema sociocultural del coqueo. Partí del todo, me asomé fugazmente a algunos de los subsistemas (religión, sociabilidad, medicina, magia) y termino donde comienzan casi todos los investigadores de la civilización occidental: el estudio de la fisiología y la psicología del coqueo en los sujetos singulares. Al proceder así, analíticamente, al margen de la creencia, del phatos comunitario y el élan cultural, procuran aprehender el multívoco fenómeno del coqueo a partir del muestrario disperso de los individuos. De tal modo se convierten en meros mirones de una ciencia que desde lejos enfoca la intimidad de las personas sin haberlas ubicado previamente en sus contextos condicionantes y aun determinantes. Lo correcto, empero, es iniciar la investigación a partir del todo, sin lo cual coquear no resulta otra cosa que un vicio o una costumbre, según se le considere. El mejor laboratorio para investigar este fenómeno no es el asépticamente aislado del olor a sobaco y la convivencia con el piojo, que caracterizan a la humanidad andina, sino el escenario riesgoso donde ella habita y padece. Quien salga a la búsqueda de los meros efectos dinamógenos que provocan los alcaloides de la coca en el organismo humano de pronto puede quedar altamente sorprendido al encontrarse con un indio "armado", como en trance, con las extremidades rígidas y la mirada perdida, a causa de una sobredosis en el mambeo. Y quien solo quiera encontrar excluyentemente en el coqueo un aumento de energía, una pérdida de apetito y una benéfica sensación térmica, amén de un equilibrado talante emprendedor, apenas podrá creer que en la zona meridional de Colombia, por mí, bien conocida, los chamanes paeces saben potenciar la dosis de coca de tal modo que detectan en sus propios cuerpos mensajes localizados de la Otra Realidad cuya "lectura" tiene similitud con las técnicas tántricas, que también conozco por haber convivido con sus especialistas mongoles, enderezadas a rastrear en el microcosmos individual el mandala del macrocosmos. Este curioso fenómeno, apenas entrevisto por los antropólogos de Occidente, supone un salto cualitativo de lo dinamógeno a lo alucinógeno, o, por lo menos, a una cosmología sacada a la luz mediante una cenestesia de muy singulares caracteres, codificada e interpretada luego por un chaman analfabeto, pero experto en leer mensajes que están vedados a la inmensa mayoría de los hombres "civilizados".

Los anteriores ejemplos, registrados en mi cuaderno de apuntes de viajero testimonial y curioso impertinente, deben ponernos en guardia ante cualquier análisis de los efectos del coqueo practicado al margen de su mundo y su trasmundo, en el dual teatro donde los hombres, la naturaleza animada por los espíritus y los propios dioses se hallan unidos por los místicos lazos de las hojas de coca. Y esto no solo sucede con los vivos. A orillas del Titicaca el muerto se lleva su porción de coca para caminar por los paisajes del más allá, similares a los serranos, y la utiliza para hacer transacciones con los espíritus malignos y las almas amicales. Morir no significa descansar sino vagabundear eternamente, salvando peligros y hallando acogedoras posadas nocturnas gracias a los auxilios póstumos de la Mama Coca.

Abordemos de una vez la pregunta que desde el principio habrán formulado los lectores, aguardando alguna plausible respuesta: ¿porqué el coqueo del indígena andino, concede energía, anula la sensación de hambre y de sed, combate el soroche o mal de altura y gratifica la porción afectiva e intelectiva de la mente humana con un vivaz sentimiento de plenitud y autoafirmación? ¿Qué reacciones químicas facilitan el desprendimiento de la cocaína de la hoja? ¿Por qué vías ingresa este alcaloide al organismo y qué efectos provoca?

Los estudios practicados en los laboratorios químicos han permitido aislar catorce alcaloides y presumir otros en la hoja de la coca. El descubrimiento de la cocaína fue realizado en Alemania por Albert Niemann, ayudante de Friedrich Woelher, a lo largo del bienio 1859-1860. Los alcaloides de la hoja de coca integran la serie del tropano, cual son la escopolamina y la atropina, resultantes de una combinación de ecogninas, higrinas y tropeínas. De la ecognina resultan la metilbenzoilecognina –la cocaína propiamente dicha- la metilecognina y la cinamilcocaína. De las tropeinas derivan la tropina y la pseudotropina, dihidrozipeina, tropacocaina y benziltropano; finalmente las higrinas engloban a la higrina, la higrolina y la cuscohigrina. Ha sido posible también identificar los esteroisómeros alfa y beta truxilinas y rastros de nicotina. No es lugar éste para armar complicadas formulas de la química del carbono: el interesado en ella podrá consular los textos donde se examinan los alcaloides obtenidos a partir de las plantas de los géneros de las solanáceas Atropa belladona, Datura, Hyoscyamus y otras.[xx]

Lo que importa si, es caracterizar los efectos orgánicos y psíquicos de la cocaína. Este alcaloide tiene distintos efectos si se extrae mediante el mambeo en un ambiente propicio (el hallpay, por ejemplo) por un sujeto indígena, encuadrado por su marco sociocultural y, según un consumo diario que no va más allá de los 80 gramos de hojas de coca o, si, variando las técnicas, se inyecta. Estamos así en presencia de dos tipos de consumidores: un coquero andino (labrador o minero) y un cocainómano urbano de la civilización industrial.

El cocainómano luego de auto administrarse una inyección intravenosa de cocaína se siente pocos instantes después poseído por una arrolladora euforia. Su cansancio desaparece. Cobra fuerzas físicas, se despeja e ilumina su mente y en más de un sentido se ve a sí mismo y el ver significa ser, como el dueño del mundo, el amo de la realidad, el señor de las criaturas. No existen ya ni el hambre ni la sed; no hay dolor, no hay fatiga; una mente y un cuerpo nuevo inauguran la plenitud del instante. Y digo así, porque este abanico de haberes y poderes se cierra poco tiempo después. Los efectos de la dosis desaparece y al retornar el animo a la condición normal, este "descenso" es estimado como un estado depresivo. Es necesario, pues, repetir la operación, subir otra vez el tono de las sensaciones, recobrar la facultad dominadora, el señorío sobre sí mismo y sobre el entorno. Pero luego de la segunda dosis inyectada o, en menor grado, de la pulgarada de polvo que se aspira ávidamente, sobreviene otra vez el consabido bajón. De tal modo estas euforias y declinaciones convierten la vida del cocainómano en un remedio del tormento de Sísifo, el ladrón, quien, condenado a cargar la piedra de la cotidianidad, al llegar a la cumbre con ella al hombro se le escapa cuesta abajo. Correspondería entonces recogerla de nuevo y remontar otra vez la cuesta. Dicho vaivén eternizado en el mitológico castigo, cuadra al cíclico destino del adicto, un ladrón de fugaces plenitudes que una vez y otra recomienza un proceso desquiciante para obtenerlas y perderlas sin descanso. Este cada vez más frecuente prototipo humano de la edad contemporánea remite su adicción a las presiones e insinuaciones del medio social donde actúa aunque nunca deben descartarse las coyunturas personales que, por excesos o defectos en la ecuación anímica (¿Cuál es el fiel de la normalidad en la balanza de la salud mental?), le hacen buscar fuera suyo al genio de la lámpara, si se prefiere el poético síndrome de Aladino, o el Golem que un día, crecido ya, se rebela contra el cabalista y acaba con él.

Paralelamente a los efectos físicos existen otros de carácter somático, aunque el sistema del cuerpo, tal como lo señala su totalismo integral, rechaza desde la unitaria realidad de lo viviente, el maniqueísmo de una ciencia aún maleada por las categorías filosóficas y los dogmas religiosos.

Yo me concretaré al análisis de la pareja soma-psiquis en el caso del cocaísmo andino, tal como lo he venido haciendo a lo largo de estas contribuciones al tema.

El coqueo mediante el mambeo estimula el sistema nervioso central (SNC) y desencadena efectos adregénicos, de activación simpática en el sistema nervioso autónomo (SNA).

El bolo de hojas depositado entre el arco dental superior, a la altura de los premolares y la mucosa interior del carrillo, es atacado por la sustancia alcalina que se le adiciona (cal, llipta, yista, toccra). Ello hace que la cocaína, según los estudios de Montesinos, Nieschulz, Schmersahl y Burchard,[xxi] se transforme en ecognina mucho menos tóxica que aquella (un 80% aproximadamente), lo cual provoca un ascenso en la proporción de concentración de glucosa en la sangre. De tal modo esa descarga de glucosa tiene un efecto energético considerable. Si a esto se suman los restos de cocaína que no pudo ser transformada, el cuadro general del coqueo abarca los siguientes efectos: aumento de energía corporal, leve anestesia en el sistema digestivo superior, anorexia o pérdida de apetito, pirosenia o aumento de temperatura, cuadros cardiovasculares revelados por la mayor presión sanguínea y frecuencia de los latidos del corazón, acrecentamiento del ritmo respiratorio y otros síntomas menos espectaculares. Advierto, sin embargo, que éste es un diagnóstico preliminar. Quienes abarcan el coqueo y quienes lo degradan a la categoría de vicio abominable agregan, como se verá, otros efectos y otros argumentos para proclamarlo inocuo, benefactor o nocivo.

Para terminar repito lo dicho una y otra vez, machaconamente, a lo largo de éste discurso antropológico: el coqueo requiere un estado colectivo de espíritu, una disposición previa de los mecanismos culturales que condicionaran psíquica y somáticamente al individuo para insertarse en sus pautas y configuraciones. Interrogar singularmente a quienes integran, al boleo, la muestra que luego el estadígrafo y luego el sociólogo denominaran un "universo" de coqueros de distintos oficios, sexos y edades y, preguntarles a quemarropa por que lo hacen y cómo lo hacen, es errar la puntería conceptual y la metodología científica. El coqueo es un asunto complejo, un todo gestáltico, una voluntad de ser y sentir, una costumbre arraigada en el pasado mítico y ejercitada como una desafiante manifestación de identidad étnica. Ser indígena, repito, es ser coquero; vivir en el espinazo andino, en medio de las montañas y los dioses que las habitan significa confiarle a la Mama Coca la salvaguardia de la comunidad presente y la perpetua vigencia de un pasado que la confirma sin cesar.

En el próximo capítulo me referiré al pro y contra del coqueo, a la querella que a lo largo de cinco siglos ha servido para desnudar ideologías y ponerle taparrabos, unos vistosos y otros ridículos, a los intereses de los colonizadores de otrora y a la rapacidad de los patrones actuales, tanto o más despiadados que ellos.

Entre lo sagrado y lo demoniaco

La querella acerca de las ventajas o los peligros que involucra para los indígenas andinos el consumo de las hojas de coca ya lleva varios siglos. Es una, entre tantas de las cuestiones disputadas acerca del ser y del quehacer del Homo Americanus rufus de Linneo, tan desconocido como tergiversado, cuando no escamoteado, por el pensamiento proveniente de los conquistadores, los colonizadores, los criollos coloniales y las élites contemporáneas. Y digo esto último porque el urbícola hispano o lusoamericano del común, el alienado hombre de la calle, cuantitativamente mayoritario y desde hace más de medio siglo atosigado por la cultura de masas (y de los mass media), está de espaldas al tema indígena, un lejano horizonte rural o selvático que ignora y menosprecia a un tiempo.

Quienes se refieren al indio y a lo indio, y muy de tarde en tarde, son algunos políticos, empresarios, académicos, escritores o artistas, es decir los representantes de esas minorías autoproclamadas como las gestoras de la acción y del pensamiento nacional creador que, pari passu, consideran a la criatura aborigen como el piso ontológico o como el telón de fondo de sus evocaciones históricas y sus proyectos civilizatorios "a pesar" del lastre que, a su juicio, por si o por no, supone la condición indígena.

Una de las características de esta múltiple querella sobre los indios y su cultura, los indios y su economía, los indios y su sociedad, los indios y su genuina o espuria indianidad, es el carácter unilateral que revisten las opiniones que se manejan a nivel local o internacional. Los indios no opinan; son los objetos pasivos calificados por la opinión de los otros. Solo el mundo de los blancos o los mestizos con status tiene la palabra. Los dominadores trazan entonces el retrato espiritual de los dominados. Unos apelan a su especialización profesional, otros a su filantropía religiosa, otros a su fervor revolucionario, desplegado en el múltiple repertorio de las "liberaciones" recomendadas o unívocamente emprendidas. Recordemos en este punto el triste destino del Che y los suyos en el campo boliviano, rodeados por la hostilidad del indígena a quien, sin conocerlo, procuraba redimir de un agobiante fardo de servicias y explotaciones impuesto por un gamonalismo multisecular, atento servidor de los viejos y de los nuevos imperialismos. Cuando el emprendimiento de acciones revolucionarias no está al tanto de la semántica de la cultura, los fracasos sobrevienen con la violencia de una catástrofe. La "liberación" que ofrece un blanco no se compadece con la restauración de las tradiciones que pide el indio. Se trata de dos antroponomías opuestas, de dos cosmovisiones no compatibles, de dos tipos de "libertades" con distinto signo.

De tal modo esos prisioneros ilustrados que se auto determinan "la voz de los que no tiene voz" se constituyen, sin mandamiento alguno, en los tramitadores

80

de la viabilidad de las etnias aborígenes, en los apoderados paternalistas -ya desde la izquierda que cuestiona, ya desde el establecimiento que afirma- de los derechos y obligaciones de un indígena al parecer mudo, ciego y paralítico.

Esta apropiación indebida e inconsulta del pensar, el querer y el hacer indígenas constituye un verdadero acto de piratería cultural, una reafirmación desmesurada del dominio del blanco "que todo lo sabe" sobre el indio infeliz que "todo lo ignora".

Dicha actitud señorial se reitera en la discusión sobre el pro o el contra del uso de la coca. En ella solo hemos escuchado el parecer de los no indios, no importa si mandatarios políticos, explotadores económicos o aliados morales de los hijos de la tierra. Todos, al cabo, son subrogantes, interpósitas personas y en definitiva, usurpadores de la ipseitas, de la identidad indígena.

Teniendo en cuenta que desde la misma época del Descubrimiento los ajenos al mundo indígena y al orbe indiano se han arrogado al papel de constituirse en los únicos actores de un gran monólogo autoritario, no habrá otro remedio que poner atención a sus dichos. La prevención queda hecha y la advertencia antepuesta: toda la querella acerca del pro y el contra de la coca ha sido emprendida y desarrollada por quienes no han coqueado nunca ni conocen la axiología que rige al firmamento ético, religioso y convivial de la comunidad indígena.

Tales contenedores han considerado a la indianidad ya como un mal necesario, ya como una naturaleza humana incompleta y marginal pasible de merecer (o soportar) una manumisión, si no una redención. Son sus voces, pues, las que escucharemos tras la cortina de un "ruido" ideológico que impidió e impide captar, en profundidad y en extensión, los valores propios de la personalidad de base de los indios cordilleranos.

La etapa prehispánica

Antes del arribo de los europeos, la coca era un tema disputado en el área andina. Una serie de indicios etnográficos y arqueológicos hizo pensar a ciertos antropólogos que la cuna del cocaísmo se hallaba entre los arawacos que ocupaban la zona guayánica, algunas islas caribeñas y la colombiana Sierra Nevada de Santa Marta. Los chibchas, pueblos de tipo istmido o centrálido llegados más tarde, habrían presionado sobre los arawacos, expulsándolos hacía el sur. Hay quienes suponen, caso de Tello y Rivet, que los uru-pukina de Bolivia conservan en su lenguaje rasgos del antiguo contacto con esos pueblos desplazados, cuyos integrantes transmitieron adoptaron el uso de la coca. La coca habría llegado de tal modo a los ándidos (digamos que desde el punto de vista somático los chibchas son ístmidos y los arawacos y caribes, amazónidos), quienes, ya por parte de los que hablan quechua, ya por los que hablan aymara, incorporaron a su vida cotidiana el complejo universo compendiado en la planta sagrada.

Esta es una hipótesis. Otra opina que la coca avanzó desde el área amazónica hasta los yungas bolivianos y que desde allí al adaptarse y domesticarse, se expandió por toda la región sierral. Pero lo cierto es que mil años antes de nuestra era, cuando florecía Chavín de Huantar, no era conocido el consumo de la coca, aunque ciertos indicios arqueológicos permiten suponer un temprano uso de la misma. Los primeros testimonios fehacientes del coqueo provienen de la costa de Ecuador y no van más allá de 500 años a J.C.

Es muy posible que la mayor pureza ritual y cosmológica en el empleo de la coca sea la aún subsistente entre los indios kogi de la Sierra Nevada. Los kogi de origen arhuaco (los arhuacos son remanentes chibchas, distintos de los primitivos arawacos), revisten a las ceremonias de paso de los varones con un complejo simbolismo centrado en el manejo ritual de la coca. La perforación del poporo, constituido por una totuma, calabacilla semejante a la del mate, representa el componente femenino de la generación penetrado por el principio masculino, operación previa a todo nacimiento. El iniciado se convierte, en todas las culturas donde se opera este rito de paso de la pubertad a la edad adulta, en un verdadero recién nacido. Y en este caso la coca es la partera propiciatoria.

De igual modo el ideal de vida, místicamente expresado, gira en derredor de la coca. Para los kogi la plenitud suprema se expresa en no comer nada sino coca, en no dormir jamás, en abstenerse del ejercicio del sexo y en "hablar de los antiguos" (y con los antiguos) mediante el canto, el recitado y la danza. La mujer está excluida del mundo de la coca, circunstancia que no se cumple en otras zonas del mundo andino. Los memorables estudios de Reichel-Dolmatoff dan cuenta de los mitos, ritos y ceremoniales de la coca en la Sierra Nevada, y a ellos remito a los lectores que no conocen aquel subyugante universo cultural.[xxii]

Muchos testimonios arqueológicos revelan al amplio empleo de la coca como afrodisíaco, remedio y estimulante general: ciertas esculturas ciclópeas de San Agustín y numerosas piezas de cerámica de la costa ecuatoriana muestran el bolo de las hojas formando una protuberancia en los carrillos de personajes principales al tiempo que las pinturas de los huacos preincaicos de la costa peruana representan las ceremonias personales o colectivas del mambeo.

Cuando los incas organizaron su imperio, la coca tenía más de mil años de uso en vastas zonas cordilleras y selváticas de América. Pero fue en los Andes donde sus virtudes dinamógenas, anoréxicas y reconfortantes conformaron un complejo cultural vinculado con valores salvíficos, salutíferos, mágicos y fisiológicos que impulsaron, en los niveles de sociabilidad y la religiosidad indígenas, una visión del mundo aún subsistente entre los pobladores de las altas mesetas.

Los incas restringieron el uso de la coca a los dueños del poder. Solo la clase gobernante, en la persona de sus altos dignatarios, podía consumir habitualmente el vegetal sagrado. El mitayo destinado a las minas tenía acceso a la coca para combatir el hambre y la fatiga. Del mismo modo los chasquis y correos, que iban de tambo en tambo llevando mensajes oficiales hacia las cuatro regiones del Tiawantinsuyu, recurrían a la coca para soportar sus largas travesías a media carrera. Los sabios amautas, los sacerdotes y los médicos podían también usarla en sus actividades específicas. Al pueblo le estaba vedada, salvo en ciertas ceremonias muy solemnes.

En su carácter de planta de los dioses, de los antepasados y de los muertos, era utilizada generosamente durante las ceremonias, las actividades mánticas y la cura de las enfermedades. La semana del Collaraymi, consagrada a los dioses de la salud, veía ascender hacia el padre Inti, el sol del medio día brillando con todo su esplendor una grande y asfixiante humareda proveniente de los millares de fogatas donde se quemaban toneladas de hojas de coca. Cuando se celebraba el gran sacrificio real de la capa-cocha, en derredor de los templos dedicados al Sol crecía montones de coca e inmensas alfombras de sus hojas tapizaban los caminos por donde el inca y su séquito itinerante cumplían con el ceremonial del capa-raymi. Del mismo modo, aunque el plano profano, antes de emprender un largo viaje los caminantes levantaban un pequeño montículo al que cubrían con hojas de la mama coca. Eran las apachetas, dedicadas, según el inca Garcilaso de la Vega, a las divinidades que daban fuerza y vigor para trepar las cuestas empinadas. Apacheta significa "demos gracias y ofrezcamos algo al que hace llevar estas cargas". Aquellos sacrificios revelan una gentileza reverencial de la que ya se ha extraviado la memoria y perdido el significado en nuestra civilización del desperdicio, caída como una plaga sobre el universo americano autóctono. No sucede así con los indígenas, los de antes y los de ahora, cuya reverencia de los dioses forma parte del respeto a la comunidad que los patrocina y de la estima personal consigo mismos. (Digamos de paso y para aclarar las cosas de una vez por todas que el cristianismo es el vestido convencional que recubre, ante la mirada distraída de los otros, el cuerpo íntimo de la religiosidad indígena, devota de los viejos dioses).

No obstante sus variados usos religiosos, mágicos y mánticos, la coca estaba proscripta para el pueblo llano del Incario. La prohibición impuesta por los señores imperiales habrá sido, sin duda, acompañada por discursos políticos explicitada por prescripciones religiosas y también violadas por las prácticas de los súbditos labradores, artesanos y mineros, apegados tradicionalmente a sus costumbres. Pero de esta querella prehistórica nada queda. Solo puede ser inferida y reconstruida con imaginación mitad antropológica y mitad poética. No sucede lo mismo con la intensa discusión colonial reveladora de las simientes que hoy fructifican en los actuales prejuicios e ideologizaciones de los detractores y los defensores del indio, que son, a la vez, los enemigos y propagandistas de "la costumbre".

La querella colonial

Los españoles hablaron tempranamente de la coca. En la etapa antillana Fray Román Pané, *"pobre eremita"* de la Orden de San Jerónimo, quien *"como sujeto que sabe su lengua, recogió con diligencia"*, datos acerca de los isleños, cuentan que se empleaban las hojas de gueio (el jayo u hayo que figura en las reseñas de otros cronistas), *"semejantes al basilicón"*, para resucitar a los muertos y preguntarles si murieron por culpa del médico[xxiii]. En este caso el cronista se refiere a una evidente función mágica, quizá vinculada con estados catalépticos o largos desmayos confundidos por los parientes con el deceso del enfermo. Acerca de las propiedades curativas escribieron luego Fray Bartolomé de las Casas, Pedro Mártir de Anglería, quien ofreció el testimonio de Fray Tomás de Ortiz dado en 1499, y

Américo Vespucio. Estos testimonios provienen de los comienzas del siglo XVI.

La caída del imperio incaico y su legislación represiva le dio nuevo auge al empleo de la coca por parte de la humanidad andina. En un principio los hombres de la iglesia, atentos a los efectos estimulantes y no al ritual "pagano" desarrollado en derredor de la planta sagrada, destacaron los beneficios del coqueo. El obispo de Cuzco, Vicente Valverde, le escribía al emperador Carlos V en 1539 que los indios soportaban durísimos trabajos, al vivo rayo del sol, sin fatiga y sin tregua, gracias a las hojas de coca. [xxiv] El cronista Pedro Cieza de León escribió a mediados del siglo XVI la famosa Crónica del Perú, cuya lectura se hace ineludible en los pródromos del Quinto Centenario. En ella dedica un capítulo, el XCIV, "a la preciada hierba llamada coca, que se cría en muchas partes deste reino". Cieza de León cree que se trata de "una costumbre aviciada y conveniente para semejante gente que estos indios son (siempre el mismo desprecio por el vencido), pero tiene la honestidad de aclarar que los indios *"dicen que sienten poco el hambre y que se hallan en gran vigor y fuerza"*. Más adelante da cuenta de las fortunas que algunos españoles, ya de regreso a la Península, lograron merced a sus fraudulentas operaciones comerciales con la coca, "mercándola y tomándola a vender y rescatándola en los tiangues o mercados a los indios"[xxv]. Agustín de Zarate, por su parte, se asombra al ver la avidez de los indios que, con tal de conseguir la coca, cuyos plantíos ya estaban en manos de los españoles, daban piezas de oro y de plata a cambio de un puñado de hojas. A tal punto llego el ruin abuso de los propietarios de las minas, que se generalizo la costumbre de pagar el trabajo de los mineros, hambreados a propósito, con las hojas que no dejaban sentir "ni hambre ni sed".[xxvi]

J. Gagliano, quien estudio este tema con mucha prolijidad, escribió lo siguiente sobre la controversia desatada entre los que ponderaban las virtudes energéticas de la planta y los que la condenaban por demoniaca y esclavizadora: "Descripciones detalladas del uso común de la entre los indígenas de la Sierra y el Altiplano, aparecen en la literatura histórica durante la segunda mitad del siglo XVI, cuando el arbusto se volvió objeto de controversia en el Perú. Horrorizados por la enormidad de vidas indígenas perdidas al cultivar el arbusto en la región de la montaña infestada de enfermedades al este de Cuzco, y convencidos de que la adquisición de la hoja, que había sido empleada en ritos religiosos incas, obstruía la cristianización de los nativos porque constantemente les recordaba su pasado pagano, muchos misioneros pidieron a la corona española la destrucción de las plantaciones de coca. Estas peticiones prohibicionistas fueron discutidas por otros misioneros y oficiales virreinales que alegaban que la coca servía a los desnutridos indígenas como un estimulante benéfico y un complemento nutritivo. Recomendando una legislación protectora del trabajo para reducir el toque de difuntos entre los trabajadores de las plantaciones, los defensores de la hoja generalmente enfatizaban su significado económico, informando a la corona que los indígenas rehusarían trabajar en las minas, a menos que les dieran raciones diaria de coca".[xxvii]

Una decodificación de los discursos acerca de la coca emitidos por las autoridades españolas del siglo XVI, nos permite leer entre líneas la verdadera naturaleza (es decir, las motivaciones profundas) de aquellos mensajes.

Se estaba de acuerdo, por parte de las autoridades religiosas y las civiles, que la coca era una materia demoniaca. En el concilio de Lima, celebrado entre 1567 y 1569, se estableció que el consumo de hojas de coca por los indios era "cosa inútil, perniciosa, que conduce a la superstición por ser talismán del Diablo". Felipe II dictó dos importantes leyes acerca del uso de la coca. La censuraba, pero la permitía a la vez, particularmente en las bocaminas, donde el mitayo requería energía adicional para cumplir con sus penosas tareas extractivas. En la del 18 de octubre de 1569 el rey dice: *"somos informados que de la costumbre que los indios del Perú tienen del uso de la coca, y su granjería, se siguen grandes inconvenientes, por ser mucha parte para sus idolatrías, ceremonias y hechicerías, y fingen que trayéndola en la boca les da fuerza y vigor para el trabajo, que según afirman los experimentados, es ilusión del Demonio, y en su beneficio perecen infinidad de indios* (se refiere a los cocamayos que trabajaban en la zona de los yungas, infectadas por la malaria) *por ser cálida y enferma la parte donde se cría, e ir de ella a tierra fría, de que mueren muchos, y otro salen tan débiles y enfermos que no se pueden reparar."*

Pero el monarca no prohíbe el cultivo; trata, en cambio, que se atienda mejor a los plantadores: "y aunque nos fue suplicado que la mandásemos prohibir, no lo hemos hecho porque deseamos no quitar a los indios este género de alivio para el trabajo, aunque solo consista en la imaginación. Ordenamos a los virreyes que provean como los Indios, que se emplean en el beneficio de la coca, sean bien tratados, de forma que no resulte daño en su salud, y cese todo inconveniente: y en cuanto al uso della para superticiones, hechicerías, ceremonias y otros malos y depravados fines, encargamos a los Prelados Eclesiásticos, que estén en particular cuidado y vigilancia, etc."

La coca es, lo saben los consejeros secretos del rey, una buena aliada del encomendero. Saca fuerzas de flaqueza, hace que el trabajo del indio mal alimentado y peor tratado rinda según las expectativas del real lucro. No conviene suprimir su consumo. Lo dicen muy claramente la Ordenanza de la Coca promulgada el 11 de junio de 1573: *"El trato de la coca, que se cría y beneficia en las Provincias de Perú, es uno de los mayores y que mas las enriquecen por la mucha plata que por su causa se saca de las minas"*. El cultivo pasa entonces a manos de los señores civiles y eclesiásticos que abastecen a los mineros de Potosí y otras minas. El padre J. Acosta no tiene pelos en la lengua cuando denuncia el perverso negocio de los abastecedores: *"En realidad de verdad, en solo Potosí monta más de medio millón de pesos cada año la contratación de la coca por gastarse de noventa a noventa mil cestos de ella, y aun en el año 83* (es decir 1583) *fueron cien mil. Vale un cesto de coca de Cuzco de dos pesos y medio a tres, y vale en Potosí de contado cuatro pesos, y seis tomines, y a cinco pesos ensayados; y por el género sobre el que se hacen casi todas las baratas o mohatras, porque es mercadería de que hay gran expedición.* [xxviii] Las baratas y las mohatras eran los engaños y fraudes que sufrían los indios, a merced de los vendedores de las preciadas hojas utilizadas para combatir el hambre, el frio y la enfermedad. Pagaban cualquier cosa por ellas y se entrampaban para siempre, aunque no por mucho –la vida era allí *"corta, sucia, desdichada y cruel"*, tal cual Hobbes decía refiriéndose a la del hombre precivilizado-, en su afán de tener acceso a "la coca tan preciada".

90

Quienes han estudiado la expansión de la coca y el consiguiente cocaísmo durante el siglo XVI en la región andina, apuntan las siguientes causas: *"una considerable merma en la producción de alimentos, lo cual hizo indispensable el hábito de la coca para mitigar el hambre"* y *"la obligación de realizar trabajos forzados, principalmente en las minas, también hizo de la coca un artículo de primera necesidad puesto que esta droga suprime la fatiga y da una ilusoria sensación de vigor físico"*. Hoy se sabe que el consumo de la hoja de coca, sometida al mambeo o chaccheo, no se trata de una drogadicción y que la "ilusoria sensación" no tiene nada de ilusoria. Tanto la cocaína-ecognina de los coqueros andinos como la mateína de los "amargueadores" rioplatenses no ingresan al organismo del acullicador o del matero como drogas sino como dinamógenos, como psicotónicos, y su consumo tiene, en superiores niveles de sociabilidad, una función ceremonial que va mucho más allá de la euforia individual experimentada por el sujeto considerado en su condición de disjecta membra, como la pieza aislada de un sistema sociocultural lleno de significaciones inmediatas y alusiones mediatas, cuando no mediatrices.

Durante los siglos XVII y XVIII la discusión sobre la coca-buena y la coca-mala continúa a cargo de distintos personajes y con distintas inflexiones argumentales. Las opiniones en contra insistían en las penurias de los cultivadores o cocamayos, en el alto desembolso que suponía para el indio adquirir las hojas (aun hoy el consumo de coca devora el 25 por ciento de sus menguados ingresos) y, sobre todo, en la participación del mismísimo Satanás, directo instigador de lo que se consideraba brujería, superstición y contravención a la cristiana doctrina, es decir, el universo mántico, medicinal y místico configurado por la práctica del coqueo y el uso de la coca en operaciones de todo tipo.

Blas Valera, el jesuita que cita Garcilaso de la Vega en sus Comentarios Reales tantas veces aludidos en mi estudio, era un defensor de las virtudes energéticas y medicinales de la coca. Sus argumentaciones fueron claras y bien fundadas. Conocedor del medio físico y humano, observador participante de la vida indígena, el religioso, sin dejar de lado sus conversiones adversas a los usos chamanísticos y los agüeros, recomendó al poder civil que no privara a los naturales de aquel aliado de primera línea en el ejercicio de supervivencia impuesto a quienes viven y trabajan en las condiciones precarias impuestas por el duro ambiente andino.

La argumentación histórica que compendia y da convincente apoyo a la de los otros defensores del uso tradicional de la coca es la del peruano Hipólito Unanúe. Este, a finales del siglo XVIII escribió lo siguiente: "*La coca fue entre nuestros Sabios, lo que la manzana de la discordia entre los Dioses. El universal uso que hacían de ella los moradores del reyno, y el crecido lucro que reportaban los traficantes, la constituyeron en uno de aquellos objetos principales que demandaban la atención del gobierno. Opinaron algunos que debía proscribirse enteramente su uso y arrancarse de raíz las sementeras. Fundábanse en dos razones. La primera porque habiendo servido a las antiguas supersticiones, era dar ocasión con permitirla a que los indios reincidieran en ellas. Argumento en verdad piadoso pero que jamás se ha hecho contra la plata y el oro que tuvieron el mismo destino. La segunda razón consistía en que multiplicándose las sementeras por el gran valor de sus frutos se pretendían para su balanza indios de mita, que conducidos de las sierras frías a las montañas húmedas y calientes, en que se cosechaba la enunciada hoja, y maltratados por los dueños, sufrían aún más que en el duro trabajo de las minas".*

Pero no se arrasaron los cultivos. Había muchos intereses de por medio, eran muy leoninas las ganancias y estaban en el negocio muy prominentes dignatarios de todo pelo. Las sementeras continuaron para el bien de las tradiciones indígenas y el bolsillo de los vendedores. Estos redoblaron sus ganancias mientras aquellos conservaban un "socorro de primera necesidad". En efecto, el indio, "por la suma escasez de carnes, sin el uso de la coca no puede sostener el trabajo y la explotación, y su salud padece mucho. Argumento incontenible de la necesidad del uso de esta planta". [xxix] Entiéndase por "escasez de carnes" al expolio sufrido por el indígena expulsado de sus tierras, usado como animal de carga y hambreado sin alivios.

Andanzas de la coca en el siglo XIX

El siglo XIX fue el de la apoteosis de la coca y la cocaína. No solamente en América andina sino fuera de ella, particularmente en Europa y los EE.UU.

Los viajeros extranjeros que recorrieron la región andina luego de la independencia juzgaron positivamente los efectos de la coca sobre los trabajadores indígenas, aunque algunos, como Poepping, advirtieron que el cocaísmo podría producir al igual que en las opiomanías, peligros adicionales. Y así como Antonio Julián había aconsejado en el siglo anterior a Carlos III que difundiera el uso de la coca entre los braceros españoles para que tuvieran más resistencia e inclusive mas salud y longevidad, los exploradores decimonónicos recomendaron tanto en España como en los EE.UU. su utilización, ampliando el inventario de los efectos benéficos. H. A. Weddel señala a los científicos británicos la importancia terapéutica de la planta al tiempo que el peruano Manuel A. Fuentes, en 1866, le pedía a las eminencias de Francia que tuvieran en cuenta los prodigiosos efectos de una hoja capaz de reparar las fuerzas vitales. En la propia Francia, J. Bain recomendaba las infusiones de hojas para aliviar los desordenes gástricos, mientras que en Escocia, Robert Christinson, médico y toxicólogo, experimentaba con ella y la señalaba como un buen estimulante para combatir la fatiga.

Una vez descubierta la cocaína en 1860, se dejan de lado los cigarrillos de hoja de coca recetados contra la depresión por L. Lewis y F.E. Stewart o las tisanas energéticas recomendadas a las personas sedentarias por W.S. Searle. La cocaína, químicamente potenciada al ser separada de los alcaloides que la integraban a un sistema natural en la sinergia mágica de la hoja andina, se convertirá en una fuente de nuevas curiosidades y audaces propuestas.

La cocaína comienza de tal modo su carrera de producto terapéutico, anestésico y estimulante. El alemán Theodor Aschenbrandt la utiliza para dar energía a los soldados bávaros durante las maniobras de 1883. S. Freud afina y engrandece su pensamiento con el ingreso en la drogadicción. Freud opinaba que la cocaína es un cumplido estimulante del organismo fatigado y un servicial anestésico para las operaciones oftálmicas. En los EE.UU. se atienden sus recomendaciones y se comprueba la utilidad del fármaco en la cirugía menor y la odontología. Se le empleara también como antídoto, digámoslo así, para combatir las opiomanías y las morfinomanías. El famoso trabajo Uber Coca, de S. Freud, que no figura en las Obras Completas por mojigatería de su familia, ha sido editado sin autorización de la misma y traducido a todos los idiomas. En dicho estudio el maestro no escatima su entusiasmo por la cocaína a tal punto que los aficionados a la droga, o los meramente chismosos, lo citan como un obligado locus classicus.

Con lo expresado alcanza para caracterizar el clima de recepción que la coca primero, y la cocaína luego, tuvieron en los ambientes científicos del siglo XIX. Pero no hemos dicho nada acerca de sus usos comerciales, inevitables en el juego del oportunismo capitalista. Los comerciantes aprovechan la cocainología para darle alas a la cocainomanía. La luego famosa Coca Cola es registrada en el año 1881 en los EE.UU. mientras que el Vino Mariani circula profusamente en el viejo y el Nuevo Mundo. La coca y la cocaína invaden el orbe de la naciente civilización del consumo. Se las ofrece en aperitivos, en cigarrillos, en inyectables. La gente acoge con entusiasmo, casi con frenesí, esa nueva fuente de sensaciones, de energías frescas. Los actores dramáticos obligados a desgastantes esfuerzos -en el caso de Sara Bernardt por ejemplo- la ponderan como un elixir por todos esperado. Nadie piensa, a finales del siglo XIX, en la prohibición de la recién descubierta panacea: rigen libremente las leyes del mercado y los primeros drogadictos se lanzan gozosamente al consumo del estimulante.

Pero la orgia de libertad no dura mucho. Se levantan voces de alarma y se advierte a la gente acerca del "tercer flagelo" que acaba de agredir a la humanidad y que promete hacer estragos mucho mayores aún que los otros, la enfermedad y la guerra. Comienzan las campañas de admonición, vienen de inmediato las restricciones y tras estas aparecen las prohibiciones. Para conservar la principalía que ha alcanzado en poco tiempo la Coca Cola, en busca de estimulantes menos cuestionados sustituye la cafeína por la cocaína (1903), pero ya los inquisidores están en marcha: los científicos, los gobernantes y los periodistas desatan tal campaña en contra de la droga que el Acta Harrison (1914) acaba por declararla ilegal, colocando bajo el mismo sambenito a la hoja sagrada y a su demoniaco producto.

Los comerciantes, en puridad, habían fomentado y creado la adicción. Ahora los represores gubernamentales se lanzan a la caza de chivos emisarios y la administración de los Estados Unidos comienza entonces a señalar hacia el lejano y temible Sur. Al igual que el lobo de la fábula que devoró a la oveja que bebía aguas abajo, pretextando que sus babas ensuciaban la corriente, el país de los consumidores esgrime el big stick contra los productores remotos antes que acabar con el vicio aposentado puertas adentro. Se reitera así una vieja maniobra imperial. Como los intereses creados en los EE.UU. son muy fuertes y, subrepticiamente, se oponen al descabezamiento de las mafias internas, los sectores no manipulados del Establishment encaminan sus esfuerzos hacia el exterior. Acabemos con la coca de los Andes, es la consigna explícita, y que paguen otros el esfuerzo que ello demande, reza, paralelamente, la aspiración secreta de los nuevos exorcistas. La propaganda se encamina, como no cabía de otro modo, a conseguir aliados en la república científica sudamericana: serán los criollos del área andina los encargados de extirpar las idolatrías ex ovo al acabar con los cocales y con el vicio de los íncubos indígenas. Los argumentos que van a esgrimir procuran defender la salud del indio, luego de siglos de indiferencia.

Pero el tiro es por elevación. Los valedores de ajenos intereses, pretextando salvar a la humanidad indígena de un secular flagelo, se convertirán en los testaferros de los prohibicionistas de los EE.UU. claro que no se la iban a llevar de arriba. Surgieron los contestatarios. Y así estalló la pelea, científica y algo más entre los que se oponían al cocaísmo andino y quienes le demostraron la ideologización de sus argumentos.

Es curioso advertir que mientras en 1899 el propio gobierno peruano se preocupaba por incrementar los cultivos y aumentar la exportación de las hojas de coca, hacia el año 1913, como haciéndole eco a la campaña de los abolicionistas estadounidenses que culminaría con las prohibición de 1914, se levantará la voz del psiquiatra Hermilo Valdizán pidiendo la limitación del cultivo de la planta y de la fabricación de la pasta, antesala de la cocaína y producto exportable por excelencia. El consumo de coca, aducía, y otros científicos prontamente lo acompañaron, segrega al indio del concierto nacional, lo pone de espaldas a los proyectos históricos del país y, por añadidura, envilece su cuerpo y su alma.

Más tarde hacía 1929, el doctor Carlos Ricketts, por entonces diputado, afirma a la cámara que el problema indígena no era ni social, ni económico, ni cultural: solo residía en la maldita costumbre del coqueo. Esta prestidigitación en lo interior ayudaba a los intereses exteriores: si le quitamos la coca al indio y le quemamos los cocales, la cocaína no invadirá el mercado de los drogadictos engendrado por el lucro de las grandes compañías.

Tras Ricketts, que dedicó largos años a luchar y escribir contra el cocaísmo, vinieron Luis Sáenz, Claudio Gutiérrez Noriega, Vicente Zapata Ortiz, el colombiano Jorge Bejarano y otros, quienes procuraron demostrar que el cocaísmo era una peligrosa toxicomanía que degeneraba "la raza", que empobrecía al indio -lo cual es verdad pues es explotado por quienes pagan sus servicios con coca-, que afectaba la mente, que encaminaba hacia el delito y la abyección moral, y tantas otras cosas más. Algunos sostenían, incluso, que provocaría a corto plazo una gran mortandad, y aún la extinción del pueblo indígena.

Contra esas opiniones se levantaron algunos espíritus avisados. El doctor Carlos Monge, entre otros, afirma que el cocaísmo no configura una toxicomanía, como lo es el cocainismo que al abandonar el coqueo no se manifiestan síndromes clínicos apreciables; que al nivel del mar no se necesita acullicar y que lo mismo sucede en el valle de los yungas bolivianos o la montaña peruana; que la coca es un valioso auxiliar de los indios que viven y trabajan en las grandes alturas, etc. una joven promoción de médicos, antropólogos y sociólogos contemporáneos, sostiene que a tales consideraciones se debe agregar el valor ceremonial, ritual y estatutario del coqueo, una práctica de orden cultural, un modo de proclamar la autenticidad indígena y, al cabo, una antropovisión y una cosmovisión características de la visión andina.

La pelea ha sido rica en marchas y contramarchas, en revelaciones de intereses espurios y remoras ideológicas de todo tipo. En múltiples números de la revista América

Indígena publicada en México por el Instituto Indigenista Interamericano, a partir de 1945 se han dado a luz los trabajos (y las consiguientes opiniones) de los contendores. Lo que ha quedado claro luego de esa confrontación es que todavía hoy se sabe muy poco acerca de los efectos del cocaísmo y aun del cocainismo. A tal punto sucede así, que la comisión de estudio de las hojas de coca de las Naciones Unidas ha dicho en sus conclusiones y recomendaciones de 1948 que el coqueo no pude considerarse como una forma de toxicomanía. Al reconocer que el cocaísmo es un fenómeno global advierte que toda sana política en pro del bienestar de la población indígena no debe basarse en ésa o aquélla restricción, sino en la mejora de la situación alimenticia, de la higiene, de la vivienda, de la educación, de las fuentes de trabajo, del crédito agrícola y de los transportes. Y si bien se pide que se restrinjan los cultivos –no alude directamente al tráfico de la cocaína que se orienta a los mercados de drogadictos foráneos- señala que no lo sean tanto como para que queden afuera las necesidades médicas del mundo en materia de estupefacientes y el coqueo del indígena [xxx] . Las argumentaciones desarrolladas en el informe están bañadas por una críptica atmosfera de adivinación y precaución, tan sutiles son los esquives y tan elusivos los razonamientos, pero al cabo no se condena la costumbre milenaria del indio de altura. Y eso, por venir de las Naciones Unidas, ya es mucho.

Referencias

---

[i] Baldomero CACERES. La coca, el mundo andino y los extirpadores de idolatrías del siglo XX. América indígena, vol. XXXVIII, No, 4 p.770. Instituto Indigenista Interamericano, México, 1978.

[ii] Inca GARCILASO DE LA VEGA. Comentarios Reales de los Incas (Editorial Princeps, Lisboa 1609), Ministerio de Instrucción pública y Previsión Social, Montevideo 1963, pp. 369-370.

[iii] Saúl Paciuk, director de Relaciones , es psicológo y analista. Tómese la alusión como una boutade autocrítica. Por eso lo conservo, tal cual figuraba la revista.

[iv] Juan de MAÑOZCA. Carta al Rey Felipe IV, Quito 1926. Federico GONZALEZ SUAREZ, Historia General de la República del Ecuador, t. IV, p. 165 Imprenta del Clero, Quito, 1891.

[v] Ricardo E. LATCHMAN. La agricultura precolombina en Chile y los países vecinos p.240. Ediciones de la Universidad de Chile, Santiago, 1936.

[vi] A. Vierkandt, quien por primera vez propuso la pareja Naturvölker-Kulturvölker (1896), consideraba que el rasgo distintivo de los primeros era la resignación de la libertad individual en el espíritu del grupo; W.E. Muhlmann (1938) aplicó el término a los pueblos "dotados de escasos medios para dominar la naturaleza, es decir, de limitados recursos técnicos" y H. Tichner (1964) lo restringe a "todos los pueblos que no han desarrollado la escritura" (tal cual la concebimos nosotros, habría que agregar). Finalmente hay quienes remiten a los pueblos "naturales" la búsqueda de la primigenia y no maleada naturaleza del hombre, la ipseidad esencial. Ese es el caso de Rousseau.

[vii] Salvaje proviene del portugués salvagem, hombre selvático. Esta voz entraña un juicio de realidad, en tanto que adjetivo explicativo, y no, como se estila, un juicio de valor, un adjetivo calificativo de

tipo peyorativo (el ignorante, el torpe, el supersticioso, el irracional, el despiadado, etc.)

[viii] P. Mártir de Angleria. Décadas del Nuevo Mundo. Bajel, (1511) Buenos Aires, 1944.

[ix] A. de Herrera. Historia general de los hechos de los Castellanos en las Islas y Tierra firme del Mar Océano (1601-1615). Edición de A. Ballesteros y Beretta. Madrid, 1934.

[x] Inca Garcilaso de la Vega. Comentarios reales de los Incas. Ministerio de la Instrucción pública y Previsión Social, Montevideo, 1963.

[xi] Fray Bartolomé de las Casas. Historia de las Indias. Aguilar, Madrid, 1927.

[xii] J. de Matienzo. Gobierno del Perú. Facultad de Filosofía y Letras, Buenos Aires, 1910.

[xiii] Inca Garcilaso de la Vega, op, cit.

[xiv] Inca Garcilaso de la Vega. Comentarios Reales de los Incas. Ministerio de Instrucción Pública y Previsión Social. Montevideo, 1963.

[xv] B. Cobo. Historia del Nuevo Mundo (1653). Marcos Jiménez de la Espada. Soc. de Bibliófilos andaluces, 4 vol. Sevilla 1931.

[xvi] H. Ruiz. Relación del viaje hecho a los Reyes del Perú y Chile. (…) Madrid, 1931.

[xviii] H. Unanúe. "Disertación sobre el cultivo, comercio y virtudes de la famosa planta del Perú, nombrada coca". Mercurio peruano, IX, mayo-agosto, Lima, 1774.

[xix] P. Mantegaza. "Sulle virtu igieniche e medicinali della coca (…)" Annal Universall de Medicine CLXVII, mayo, Milán, 1859.

[xx] R.C. Burchard. "Una nueva perspectiva sobre la masticación de la coca". América Indígena XXXVIII, 4. México 1978. El autor cita los trabajos científicos donde se estudia la química de la coca.

[xxi] Id. Ibid.

[xxii] G. Reichel-Dolmatoff. Los kogi: una tribu indígena de la Sierra Nevada de Santa Marta, Colombia. T.1. Revista del Instituto Etnológico Nacional, vol., nos. 1-2 pp. 1-320. Bogotá, 1949-50; T. II Editorial Iqueima. Bogotá, 1951. Una segunda edición, realizado por Procultura, Inderena y Fondo de Cultura Económica, se publicó en Bogotá en 1985

[xxiii] F. Colón. Historia del Almirante de las Indias Don Cristóbal Colón. Bajel, Buenos Aires, 1944. La "Escritura" de Fray Roan Pané se transcribe en el cap. LXI, "de algunas cosas que se vieron en la isla y de las costumbres, ceremonias y religión de los indios"

[xxiv] Fray V. Valverde. Carta del Obispo de Cuzco

[xxv] Fray V. Valverde. Carta del obispo de Cuzco al Emperador sobre asuntos de la Iglesia, etc., 20 de marzo de 1539, in J.F. Pacheco (editor) et al, colección de Documentos inéditos, etc. T.III, Madrid, 1864 – 1884.

[xxvi] P. Cieza de León, Crónica del Perú (1553) Espasa-Calpe, Buenos Aires, 1945.

[xxvii] A. de Zarate, Historia del descubrimiento y Conquista del Perú, Anvers, 1555.

[xxviii] J.A.Gagliano. "La medicina popular y la coca en el Perú: un análisis histórico de actitudes". América Indígena. Instituto Indigenista Interamericano, Vol. XXXVIII, No. 4 pp. 789-805, México, 1978. Para más detalles ver del mismo autor The Coca Debate in Colonial Perú, The Americas, XX, Academy of American Franciscan History, Washington, 1963, pp. 43-63, y The popularization of peruvian coca, Revista de Historia de América, No. 59 pp. 164-179. Instituto Panamericano de Geografía e Historia, México, 1965.

[xxix] J. de Acosta. Historia Natural moral de las indias (1590), Angles Editor, Madrid, 1894, T.I. cap. XXII, del Cacao y la coca

[xxx] H. Unanúe Op. Cit. En el capítulo IV de este ensayo.